ANKE KEIL

Farben der Trauer

ANKE KEIL

Farben der Trauer

Von Abschied, Loslassen und Bewahren

Bibliografische Information der Deutschen Nationalbibliothek
Die Deutsche Nationalbibliothek verzeichnet diese Publikation in der Deutschen Nationalbibliografie. Detaillierte bibliografische Daten sind im Internet über http://dnb.d-nb.de abrufbar.

2. Auflage 2024

Lektorat: Marlene Fritsch
Covergestaltung: Finken und Bumiller, Stuttgart
Covermotiv: Yuliya Koldovska / shutterstock.com
Gestaltung: Matthias E. Gahr, mit Grafiken von pixabay.de
Druck und Bindung: Pustet, Regensburg
ISBN 978-3-7365-0452-3

www.vier-tuerme-verlag.de

Inhalt

Vorwort

Ich war einmal mit einer Freundin mehrere Tage in den Dolomiten wandern. Wir starteten an einem tollen Sommertag in einem Tal mit schönem See. Diesen galt es erst einmal halb zu umrunden, danach begann der eigentliche Aufstieg. Am See begegneten wir – selbst bepackt mit Wanderrucksack und Wanderstiefeln an den Füßen – vielen Menschen, die Ballerinas, Sneaker, Flipflops oder gar offene Pumps trugen und mit uns auf diesem ersten Wegabschnitt liefen. Manche Frauen hatten Handtaschen über der Schulter, mehr Gepäck hatte aber niemand dabei. Angesichts der riesigen Berge vor uns und unseren eigenen Plänen wirkten sie teilweise etwas verwirrend an diesem Ort, vor dieser Kulisse. Aber zumindest für die erste Strecke waren sie wahrscheinlich weniger auffällig gekleidet als meine Freundin und ich.

Der Weg änderte rasch seinen Charakter mit dem Aufstieg: steinig, schmal und anstrengend. Die Wegweiser wurden spärlicher, die Menschen, denen wir begegneten, schnell weniger. Und mein Blick änderte sich: Was vom Tal aus wie eine großartige Kulisse ausgesehen hatte, war auf dem steilen Weg einfach nur mühsam. Zum See zurückzuschauen, war kein Problem. Aber am Berg sieht man das Ziel, die Spitze nicht mehr. Es ist, als gäbe es nur Weg. Merkwürdig, wie wenig Schritte manchmal zwischen der einen und der anderen Welt liegen, wie wenig Höhenmeter.

Als mich die Trauer das erste Mal mit voller Wucht traf, fühlte ich mich, als hätte mich jemand gezwungen, mit Ballerinas und Handtasche auf einen solchen Gipfel zu laufen. Denn ich musste feststellen, dass ich trotz allem, was ich dachte, an »Ausrüstung« für solche Situationen dabei zu haben, letztlich doch reichlich unvorbereitet war auf das, was dann kam. Ich wusste nicht, wie abgründig Trauer sein kann – und wie hilflos ich mich fühlen konnte. Ich wusste nicht, dass ich schlaflos und müde zugleich sein kann. Und ich wusste nicht, wie schwer es ist, einfach nur den gewohnten Alltag aufrechtzuerhalten. Und wie man mit dem Gefühl umgeht, im eigenen Leben irgendwie fremd zu sein, im Freundeskreis ein Fremdkörper, der reibt und alles komplizierter macht im Zusammensein. Denn eigentlich wollte ich das nicht sein: unbequem und kompliziert. Ich wusste nichts über die Intensität meiner eigenen Gefühle und ihren schnellen Wechsel. Und ich wusste vor allem nicht, wie das alles geht. Woher Kraft kommt oder das Gefühl, auf dem richtigen Weg zu sein und nicht nur irgendwie herumzuirren. An den Tagen, an denen es mir besser ging, war ich deswegen voll Misstrauen gegen mich, vielleicht etwas falsch zu machen. An den Tagen, an denen es mir schlecht ging, war ich voller Misstrauen, weil es nicht »schnell genug« besser wurde, die Trauer immer wieder kam.

Trauer ist viel mehr als Traurigkeit. Sie hat viele Aspekte. Um diese alle deutlich zu machen, habe ich die Gestalt der Farben gewählt, da Farben ständig gegenwärtig und Teil unseres Alltags sind. Zu den meisten Farben haben wir eine Assoziation: eine Stimmung, ein Gefühl, ob ich die Farbe mag oder nicht, einen liebgewonnenen oder verhassten Gegenstand. Sieht man sie alle nebeneinander, wie zum Beispiel in einem Farbkasten, hat man das Gefühl, dass manche besser, andere weniger gut zueinander passen – je nach Farbempfinden. Aber in ihrer Unterschiedlichkeit sind sie auch schön, fast verheißungsvoll: Mit einer solchen Auswahl kann man alles malen!

Bei Lebensentwürfen, Gefühlen oder Erfahrungen ängstigt uns die Vielfalt dagegen. Wir alle sind damit groß geworden, angenehme Gefühle wie Freude und Leichtigkeit, Lachen und Erfolg gerne zu teilen. Dieser Teil unserer Gefühlswelt ist eine Komfortzone, in der wir uns leicht und sicher bewegen können. Aber er ist nur ein Teil der Wirklichkeit, in der wir als geistig und leiblich verfasste Menschen leben. Denn es gibt eben auch die dunkleren Gefühle wie Angst, Sorge, Ohnmacht, Zurückweisung, Missverständnis, Scham, Schuld, Wut und Traurigkeit in uns. Und es gibt körperliche Erfahrungen von Schmerz, es gibt Mangel, Leid, Krankheit, Tod. Und diese Seite ist so real wie die andere. Die Vielfalt zu entdecken, die zwischen Schwarz und Weiß liegt, sich nicht davor zu fürchten, dass die Welt mehrdeutig ist, dass Gutes und Schlechtes, Leichtes und Schweres beieinander sein können, ohne dass eins davon unwahr ist – das ist für mich eine der wichtigsten Trauerlektionen. Und deshalb möchte ich in diesem Buch all den Farben nachgehen, die in den Zeiten der Trauer in uns auftauchen – oft nicht gewünscht und manchmal auch sehr unwillkommen, aber deshalb nicht weniger wirklich und wichtig. Und weil jeder Mensch sein eigenes Farbempfinden hat, können die Farben der Trauer in diesem Buch in der Reihenfolge gelesen werden, wie sie hier vorkommen, oder nach eigenen Mustern und Vorlieben.

Zu jeder Farbe als Symbol für einen bestimmten Traueraspekt gibt es zudem einen Impuls und eine Anregung, um dazu ins Tun, ins Denken, ins Gestalten zu kommen. Ich habe dafür das »Pragmatische Du« der Trauergruppen übernommen. Die Anregungen sind so angelegt, dass du sie ohne Vorbereitung umsetzen kannst, denn je mehr Vorbereitung nötig ist, desto höher auch die Schwelle, es auszuprobieren.

Es reichen darum in der Regel deine Gedanken, deine Sinne, dein Körper und ein Stift, um den einzelnen Aspekten nachzugehen. Und sie sind auch so gehalten, dass es egal ist, wo du gerade bist, ob Natur oder Stadt um dich ist, viel Platz oder wenig. So kannst du an deinen Trauerfarben an jedem Ort und ohne Vorbereitung fühlen, denken und arbeiten.

Notizseiten geben Raum, deine eigenen Farbworte zu finden, in denen du deinen Schmerz wie deine Aufbrüche, die Momente des Vermissens deiner oder deines Verstorbenen wie deine Schritte der Wiederherstellung, des Anknüpfens, der Neuorganisation und Ausrichtung deines eigenen Lebens in Worte und Bilder bringen kannst. Dein Weg des Begreifens, Erinnerns, Fühlens ist ein wichtiges Element, um in einen Lebensfluss ohne den Verstorbenen oder die Verstorbene zu finden – im Wissen, dass es Verbindungen gibt, die bleiben und tragen.

Ich wünsche dir, dass du in diesem Buch für deine eigene Farbwahrnehmung, die Vielfalt deines Wachsens die eine oder andere Entdeckung und Bestärkung findest.

Deine Anke

Lückenschmerz

Welche Farbe hat die Trauer? Viele Menschen antworten darauf spontan: »Schwarz«. Schwarz ist bei uns die Farbe der Traurigkeit. Möglicherweise liegt es daran, dass man traditionell bei Beerdigungen schwarz trägt und man auch oft selbst, ohne sich darüber viele Gedanken zu machen, instinktiv nichts Fröhliches, Buntes tragen möchte, wenn man traurig ist. Vielleicht steckt dahinter der Wunsch, sich zurückzuziehen, nicht aufzufallen. Man kann hier an eine dunkle Höhle denken, in die man sich am liebsten verkriechen würde. Oder an die Decke, die man sich gerne über den Kopf ziehen möchte. Schwarze Kleidung ist dann Ausdruck eines inneren Gefühls von unsagbarer Leere, Ohnmacht, Fassungslosigkeit, Rückzug, Schuldgefühl, Unsicherheit, was jetzt kommt.

Schwarz entspricht auch dem inneren Gefühl, in Dunkelheit und Nacht zu versinken, der Angst, dass die Traurigkeit alles Leichte und Schöne verschlingt, so wie die Farbe Schwarz das Licht der Sonnenstrahlen absorbiert. »Da ist nur noch Finsternis« – in diesen Schlussworten des Psalms 88 wird Trostlosigkeit spürbar. Schwarz ist die Farbe der Abwesenheit des Lichtes: schwarze Finsternis.

In der Trauer steht die Farbe Schwarz für diese Traurigkeit, ihre machtvolle Abgründigkeit, das Gefühl, untröstlich zu sein. Und auch für die Wucht, mit der uns der Tod trifft – egal, wie vermeintlich vorbereitet wir sind. Wir werden in eine Situation gestellt, die wir uns nicht gewünscht haben, mit der wir aber dennoch umgehen und weiterleben müssen. Eine Erfahrung, die uns in der Regel verändert in unserer Wahrnehmung von dem, was wichtig ist.

Gibt man schwarzes Pigment im Farbkasten zu anderen Farben hinzu, dann entstehen daraus nicht wie bei anderen Mischungen neue Farben, sondern sie verdunkeln sich. So ist es auch bei der Trauer: Sie verändert uns, sie »verdunkelt« jedes andere Gefühl, weil sie uns an unsere eigene Verletzbarkeit erinnert. Und weil sie die Brüchigkeit von Glück und unsere menschlichen Grenzen aufzeigt: der Medizin, der Kontrolle über unsere Lebenspläne, unserer eigenen Fähigkeiten. Und sie bleibt – in der Gestalt von Lückenschmerz. Weil jemand für immer fehlt.

Anregung für deine Schwarz-Momente

Manchmal können wir nichts tun – außer irgendwie weiter zu atmen. Gerade wenn wir uns in Anbetracht von Krankheit und Tod als ohnmächtig erleben und unsere Möglichkeiten begrenzt sind, fühlt es sich so an, als würden wir nichts tun als zu überleben. Weiteratmen. Irgendwie. Und auch danach begleitet uns der Atem in besonderer Weise auf dem Trauerweg. Die Art, wie wir atmen, spiegelt unsere innere Stimmung wider. Besonders bei Stress oder Angst können wir das deutlich fühlen: die Atemzüge werden schneller und flacher. In Ruhe atmen wir ruhiger, tiefer, vielleicht sogar fühlbar in den Bauch.

Der Atem ist aber nicht nur Ausdruck der Gefühle – er kann auch andersherum unsere Gefühlswelt beeinflussen, wenn wir ihn bewusst wahrnehmen und steuern. Um zur Ruhe zu kommen, gerade am Abend oder wenn die Gedanken um Sorgen und Ängste kreisen, kann die einfache Atemübung »4711« helfen:

Setze oder lege dich entspannt hin. Atme 4 Sekunden ein und 7 Sekunden lang langsam und mit wenig Kraft aus. Zähle dabei die Sekunden innerlich mit. Wiederhole diese Übung 11 Mal. Achte dabei darauf, dass der Atem tief bis in den Bauch geht. Das entschleunigt die Atmung und das Zählen hilft, dass die Gedanken nicht abschweifen. Gerade beim Einschlafen kann dich daher diese Atemübung unterstützen.

Vielleicht ist es dir lieber, nicht zu zählen, sondern innerlich Sätze zu sprechen und in ihrem Rhythmus zu atmen. Das kann ein kurzes Gebet sein, wie es die Einsiedler auf dem Berg Athos praktizierten, indem sie das Jesusgebet mit dem Rhythmus von Herzschlag und Atmung verbanden: beim Einatmen sprachen oder dachten sie: »Herr Jesus Christus, Sohn Gottes« und beim Ausatmen: »Erbarme dich meiner«. Es geht aber auch schlichter, zum Beispiel: »Jesus – Christus«. Vielleicht findest du eigene Sätze, Bitten, Wünsche, die dir entsprechen und dir Stärkung, Verbindung, Vertrauen und Ruhe als Grundmelodie zusprechen: »Ich vertraue mir – ich vertraue dir«, »Ich in dir – du in mir«, »Alles wird – heil in mir«, »Einschlafen – ruhig sein« …

Bei gleicher Silbenlänge von Einatem- und Ausatem-Wörtern kannst du deine Atemworte auch gut innerlich sprechen, wenn du irgendwohin gehst. Jeder Schritt ist eine Silbe, verbunden mit dem Atem. Vielleicht merkst du, dass du kürzere oder längere Worte brauchst, damit dein Atem- und Schrittrhythmus zusammenpassen. Dann probiere weiter aus, ergänze Wörter oder lasse welche weg. Die Aufmerksamkeit auf allen Wegen auf Schritte und Atem zu lenken und sie mit bestärkenden Worten zu unterlegen, kann wie die »4711«-Übung helfen, die Gedanken, die Atmung und damit letztlich dich selbst zur Ruhe und in die aufmerksame Gegenwart des »Jetzt und Hier« zu bringen.

Platz für Du-fehlst-mir-Worte und Überlebenszeichen an Lückentagen

Ineinsfälle

»Welche Farbe hat die Trauer?« – stellt man diese Frage Menschen, die schon länger mit ihrer Trauer umgehen, dann ist »schwarz« eher eine seltene Antwort. Denn Trauer ist mehr als Traurigkeit. »Streifentage« nennt die Psychologin Maria Farn jene Zeiten der Trauer, in denen wir zwischen verschiedenen Gefühlen schwanken. Gerade zu Beginn, wenn wir zwischen dem Blick zurück und dem nach vorn schwanken, zwischen der Sehnsucht nach dem, was war, und der Hoffnung auf das, was kommt, fühlt es sich »gestreift« an. Wir spüren, dass das Leben irgendwie beides zugleich ist: schön und traurig. »Und« ist daher eines der wichtigsten Trauerwörter überhaupt. Wir haben in der Schule gelernt, unsere Gedanken in entweder-oder zu sortieren. Dinge sind entweder richtig oder falsch, schwer oder leicht, schwarz oder weiß. Trauer löst das auf. Es kann sich etwas richtig und falsch zugleich anfühlen, schwer und leicht, es kann einem gut und schlecht zugleich gehen. Anders-gut, anders-schlecht.

Der Theologe Nikolaus von Kues versuchte Gott zu erklären als eine Einheit, in der alle Gegensätze zusammenfallen. Diese *coincidentia oppositorum*, den Ineinsfall aller Gegensätze zu verstehen, übersteigt nach Cusanus zugleich unser Denken. Als Trauernde erlebt man einen kleinen Ausschnitt eines solchen Ineinsfalls an sich selbst – und macht die Erfahrung, wie schwierig es ist, sich darin auszuhalten, ohne sich selbst fremd zu werden. Kopf und Gefühl gehen auseinander. Das Gefühl am Morgen entspricht nicht dem eine Stunde später. Was man immer mochte, kann sich plötzlich furchtbar falsch anfühlen, ein Plan, der einmal gut funktioniert hat, muss beim zweiten Mal nicht auch eine gute Strategie sein ... Und die einzige Lösung scheint zu sein, sich von der Erwartung eines Entweder-Oder, von richtig oder falsch zu lösen und sich selbst manche Irrationalität zu erlauben.

Gestreiftes erinnert an dieses »Trauer-Und« und daran, wie gut es sein kann, Dinge zusammenzunehmen, die sich auf den ersten Blick widersprechen. Denn ein Leben ohne einen geliebten Menschen kann ein glückliches sein – ohne deswegen den Schmerz ausblenden zu müssen, dass jemand fehlt. Das ist zugegeben komplizierter als das Leben in Schwarz oder Weiß. Aber der Preis, eines für das andere herzugeben, die Trauer für die Freude, das Leichte für das Gewichtige oder das Licht für die dunklen Schutzräume, ist ein sehr hoher. Darum lohnt sich die Mühe, langsam ins »Und« hineinzuwachsen.

Anregung für deine Streifen-Momente

»Trauer ist mehr als Traurigkeit« – dieser Satz sagt sich leicht und doch beschreibt er in seiner Floskelhaftigkeit eine Erfahrung ganz treffend, die die meisten Trauernden machen. Trauern ist eine Pendelbewegung zwischen unterschiedlichen Gefühlszuständen, unterschiedlichem Erleben von sich selbst und anderen. Darum ist Trauern nicht einfach eine Sache, ein Gefühl. Trauer hat viele Facetten. Manches ist dabei besser, anderes schwerer auszuhalten. Manches erwartbar, anderes eher unerwartet. Manches naheliegend und gut vermittelbar, in anderem sind wir uns selbst vielleicht sogar fremd, und es sind mitunter auch Gefühle, von denen niemand anderen gerne erzählt.

Nimm dir Zeit, einmal für dich selbst dein eigenes Trauer-ABC zu schreiben. Finde dazu für jeden Buchstaben Worte, die für ein Gefühl, eine Wahrnehmung, eine Erinnerung, eine Erfahrung oder Tätigkeit, vielleicht auch Begegnungen mit Personen, Orten oder deiner Umwelt stehen, die für dich heute Relevanz haben – ohne Unterscheidung, ob du diese Dinge positiv oder negativ bewerten würdest. Vielleicht stehen dann kleine Entdeckungen, was dir guttut, neben wichtigen Erkenntnissen, Bedeutsames neben dem, was du vielleicht als nebensächlich empfindest.

Vielleicht fällt dir das ABC an manchen Stellen leichter, an anderen schwerer. Denk nicht darüber nach, ob die Begriffe aus den Bereichen Gefühle, Begegnungen, Wahrnehmung oder Bewusstsein stammen, sondern schreibe einfach auf, wie vielgestaltig deine Trauer ist.

A

B

C

D

E

F

G

H

I

J

K

L

M

N

O

P

Q

R

S

T

U

V

W

X

Y

Z

Wenn du fertig bist, dann schau dir noch einmal an, was du geschrieben hast und nimm dir Zeit für folgende Fragen:

~ *Was verwundert dich am meisten an der Trauer, wenn du auf deine Liste schaust?*

~ *Was hat dich in der bisher vergangenen Zeit deiner Trauer verletzt, was hat dich aufgebaut?*

~ *Wo wünschst du dir Veränderung?*

Platz für deine Entdeckungen,
was Trauer alles noch ist

Grenzaufhebung

Rot ist die Farbe der Liebe und des Lebens. Das Blut, das in uns fließt, solange wir leben, ist rot. Bei Freude bekommen wir rote Wangen. Aber auch Wut und Scham lassen uns erröten. Rot ist da, wo starke Emotionen uns bewegen. Und es ist eine Farbe, die auffällt. Wer einmal eine einzelne Mohnblume in einem grünen Feld gesehen hat, weiß das. Rot als Farbe war früher auch sehr teuer, weshalb sie den Königen vorbehalten war.

Rote Linien, die gezogen werden, stehen als Metapher für Bereiche, die wir besonders markieren und schützen. Die sprichwörtliche »rote Linie« ist eine Grenze, von der wir wünschen, dass sie nicht überschritten wird – weder unfreiwillig von uns, wenn wir an unsere eigenen inneren

Grenzen denken, noch von anderen. Auch der Tod ist eine Grenzerfahrung. Der oder die Verstorbene überschreitet die Schwelle und wir bleiben zurück mit der ganzen Wucht unserer Trauer als Weiterlebende.

Der Theologe Paul Tillich schrieb einmal: »Die Grenze ist der eigentlich fruchtbare Ort der Erkenntnis.« An den Grenzen entscheidet sich, wer wir sind – ob wir uns wagen, Grenzgänger zu sein und unsere eigenen innerlich gesetzten Grenzen zu überschreiten, wenn es nötig ist. Und auch, ob wir es wagen, über die Welt hinaus zu hoffen. Oder ob wir uns fern von diesen Grenzen einrichten und in einem Haus aus Sicherheiten und Abwehr verschanzen. Es ist die Frage, ob wir Antwortmenschen sein wollen, die feste Meinungen haben und kategorisch an einem »bis hierhin und nicht weiter« festhalten. Oder ob wir Fragemenschen sein wollen, die suchen und sich fragen lassen, was sie glauben und hoffen und wünschen, wer sie sind, was sie fühlen und was sie trägt, wenn alles wegbricht. Wagen wir es, etwas zu riskieren für die Liebe oder unsere eigene Lebendigkeit? Können wir sagen, wenn wir Angst haben, Hilfe brauchen oder nicht mehr weiterwissen? Fragemenschen lassen sich einladen, Neues zu probieren, sich selbst neu kennenzulernen. Mit der Kraft von Mut, Verzweiflung, Hoffnung, Glaube, Einsamkeit und Neugierde – und manchmal allem zusammen.

In der Trauer steht Rot für die Liebe, die uns über den Tod hinaus als Kraft jenseits der Grenzen unserer bisherigen Welt und Beziehung verbindet. Und sie steht auch für die Verzweiflung, mit der dies manchmal geschieht. Trauer ist die Kehrseite der Liebe.

Anregung für deine Rot-Momente

Im Garten von Itaru Sasaki im japanischen Ort Otsuchi steht eine Telefonzelle. Das Telefon darin ist alt und nicht angeschlossen. Es ist das »Telefon des Windes«. In Otsuchi ist bei dem Tsunami im Jahr 2011 jeder achte Einwohner gestorben, viele werden noch immer vermisst. Das Telefon entstand aus der Idee, Verbindung mit den Verstorbenen aufzunehmen. Laut Bedienungsanleitung funktioniert es folgendermaßen: »Schließen Sie die Augen und hören Sie zu. Wenn Sie den Klang des Windes, der Wellen und der Vögel hören, dann sagen Sie, woran Sie denken.«

Die Telefonzelle ist ein Ort, an dem man aussprechen kann, was in einem ist. Ohne Angst, etwas Komisches oder Dummes zu sagen. Es ist ein kleiner Schutzraum, in dem man frei äußern kann, was einen bewegt, und in Worte bringt, was sich angestaut hat. Gefühle verfertigt in Worte, in Bitten, in Fragen, in Geschichten, in Erinnerungen.

Einen sicheren Ort haben und aussprechen können, was in einem ist – diese beiden Eigenschaften zeichnen das »Telefon des Windes« aus. Auch wenn die Leitung tot ist, entsteht Verbindung, und die Beziehung zu den Verstorbenen bleibt durch dieses Telefon lebendig, weil sich die Besucher an sie erinnern.

Erinnerungen, innere Bilder von vergangenen Erlebnissen miteinander, fließen vor allem dann hervor, wenn es einen äußeren Anstoß gibt, wie eine Begegnung, bestimmte Gegenstände oder eben einen Rahmen, den ich bewusst setze, in den ich sie einlade. Diese Einladungen sind einerseits schwer auszusprechen, können aber überlebenswichtig werden, weil es einen Unterschied macht, ob meine Gedanken eine Form bekommen, ob ich ein Wort finde, das mein Inneres beschreibt, mein Vermissen wie auch den oder die Vermissten selbst. Es tut gut, auszusprechen, was einen bewegt. Das entlastet, verbindet, verwandelt die Sprachlosigkeit.

Ein Name ist mehr als nur ein Wort. Wir verbinden mit dem Namen eines Menschen seine oder ihre ganze Person, das So-Sein. Der Name vergegenwärtigt diese Person, weckt Erinnerungen, Assoziationen und Gefühle und verbindet uns mit dem Menschen, für den er steht. Schreibe darum hier den Namen der Person auf, um die du trauerst. Finde dazu Bilder, Worte, Eigenschaften, Assoziationen, die für dich zu diesem Namen gehören, und schreibe sie ungeordnet um den Namen herum auf.

Platz für Du-fehlst-mir-Erinnerungen
und Über-die-Grenzen-Hoffnungen

Wurzelstärke

Braun ist für meine Tochter die Trauerfarbe schlechthin. Denn wenn man alle Farben im Wasserfarbkasten miteinander vermischt, dann kommt genau das dabei heraus. Je nach Zusammensetzung kann es ein wärmerer Ton sein oder das Matschbraun einer Wiese im November, wenn sich alles einfach nur schwer anfühlt. Oder wie an einem falschen Ort und im falschen Leben steckengeblieben sein.

In diesem Braun sind dann aber auch alle Farben enthalten, selbst wenn man sie nicht sieht: alles Frohe und Schwere, Traurige und Schöne wohnt miteinander darin. Es ist eine Frage an uns selbst, ob wir die anderen Farben noch spüren können darin und erkennen, wie es in einer berühmten Inschrift im Warschauer Ghetto heißt: »Ich glaube an die Sonne, auch wenn sie nicht scheint. Ich glaube an die Liebe, auch wenn ich sie nicht spüre. Ich glaube an Gott, auch wenn ich ihn nicht sehe.«

Braun ist zudem die Farbe der Erde, der Wurzeln. Bei einem Baum spiegelt sich die Größe der Krone in der Größe seiner Wurzel wider. Ein mächtiger Baum braucht auch ein ebenso mächtiges Fundament, um groß und breit in den Himmel hinauf wachsen zu können. Wenn wir von jemandem sagen, er oder sie sei geerdet oder auch gut verwurzelt, dann beschreiben wir damit einen Menschen, der fest verortet ist, der sicher steht, den nichts so schnell umhaut und der auch nicht irgendwelchen Traumgespinsten oder Größenfantasien nachhängt. Meist fühlt man sich wohl in der Nähe dieser Menschen, die eine eigene innere Kraft spüren lassen.

Auch in der Trauer steht Braun für das, was uns erdet, verwurzelt, aufrichtet und uns versorgt – wie die Wurzeln der Bäume. Es sind unsere je eigenen Ressourcen, die es zu entdecken gilt. Wir erleben die Trauer immer mit unserem Vorwissen um uns selbst, um das, was uns stützt, uns aufrichtet, uns hilft. Es ist dieses Wissen, das wir brauchen, um wachsen und uns entfalten zu können. Wenn wir es schaffen, diese Wurzeln zu stärken und zu nutzen – vielleicht sogar auch ein paar neue zu treiben –, dann haben wir ein gutes Rüstzeug, um der Trauer in ihren Wellen zu begegnen: Im Wissen um uns selbst und in der Sensibilität für die eigenen Bedürfnisse.

Anregung für deine Braun-Momente

Trauer trifft auf uns als Menschen mit ihrer je eigenen Vorgeschichte – wir alle haben unsere Vorlieben, Dinge, die uns stärken, die wir mögen. Diese Dinge zu kennen, ist überlebensnotwendig. Denn man braucht die Kraft, die Freude, die Ablenkung. Wenn ich weiß, was meiner Seele einen Moment Ruhe gibt, dann hilft das, andere, schwierige Momente auszuhalten. Wenn ich etwas für mich tun kann, fühle ich mich weniger ausgeliefert. Wenn ich neue Kraft habe, kann ich Veränderungen angehen. Wenn ich Freude empfinden kann, habe ich ein Gegengewicht zum Schmerz und dem Gefühl, wundgeschribbelt zu sein von all den Gedanken und Gefühlen, die die Trauer mit sich bringt.

In der Trauer ist es wichtig, die eigenen Ressourcen zu kennen – also die Dinge, die mir guttun, aus denen ich Kraft schöpfen kann, im besten Fall sogar Sinn oder das Gefühl, richtig zu sein an der Stelle, an der ich gerade stehe. Erkunde darum deine eigene Ressourcenbiografie.

~ *Was hat dir bei bisherigen Schwierigkeiten geholfen?*

~ *Wann hast du in deiner Biografie etwas über dich gelernt, deine Stärken, Bedürfnisse, Kraftorte und Ruhepole?*

~ *Was davon könnte auch jetzt hilfreich sein?*

~ *Was tust du, wenn es dir gutgeht?*

Vielleicht hilft dir bei deiner Ressourcenerkundung auch das Bild einer Narzisse. Sie gehört zu den frühblühenden Blumen, die ihre Kraft aus einer Zwiebel bekommen. Daraus erwachsen kräftige Blätter und ein starker Stil, schließlich eine große gelbe Blüte, die sich nach der Sonne ausrichtet.

Gehe nach draußen oder schau dich um in deiner eigenen Umgebung. Nimm, wenn du hast, eine Kamera mit und mache auf deiner Runde mindestens drei Bilder oder sammle die Eindrücke vor deinem inneren Auge:

~ *Was ist deine Zwiebel?*
Suche ein Bild für etwas, das dein eigenes Fundament zum Ausdruck bringt und dich stärkt, wenn du damit in Verbindung bist.

~ *Was ist dein Stiel?*
Suche ein Bild für etwas, das dich aufrichtet und lächeln lässt, wenn du es siehst.

~ *Was ist deine Blüte?*
Suche ein Bild für etwas, das deine Sehnsucht zum Ausdruck bringt oder einen Wunsch in dir anspricht.

Vielleicht möchtest du bei deinen gefundenen Bildern jeweils kurz verweilen, die Augen schließen, tief ein- und ausatmen und einen inneren Dank aussprechen dafür, dass es dieses Fundament, diesen Halt und diese Hoffnungsausrichtung gibt. Spüre dabei auch bewusst deine Füße, wie sie auf dem Boden stehen, festen Grund unter sich haben, der trägt.

Platz für deine Ressourcenworte

Pausengeschenke

Blau ist die Farbe des Himmels und des Wassers. Fragt man Kinder, welche Farbe die Luft hat, sagen sie Blau. Aber auch Tränen malen sie in dieser Farbe. Sieht man Berge in weiter Ferne, haben sie manchmal eine blaue Anmutung. Blau trägt darum für viele Menschen vor allem Gefühle von Weite, Freiheit, Hoffnung, Klarheit, Ruhe und Stille in sich. Es besänftigt uns, die blaue Weite zu sehen, an der Wolken ziehen und auch vergehen. Wie schön ist es, wenn nach Tagen des Regens das erste Blau sichtbar wird und mit ihm Licht und Wärme zurückkommen. Blau ist eine Farbe der Zuversicht: Es hat alles Raum unter dem Himmel und es regnet »über Gerechte wie Ungerechte«.

Nach Tagen, an denen man das Gefühl hatte, im eigenen Tränenmeer ohne Perspektive zu schwimmen oder in den Wogen der Trauer zu versinken, gibt es eine ganz eigene Art der Müdigkeit. Man fühlt sich tränenwund, irgendwie erschöpft, zwischen Tag und Nacht. Blaue Stunde. Zwischen hier und dort. Man wünscht sich, sprichwörtlich »blau machen« zu dürfen, etwas zu unterbrechen, auszubrechen aus dem alten Trott und einfach auszusetzen. Pause.

Blau steht daher für die Unterbrechungen in der Trauer, die ihr als innerem Prozess innewohnen. Denn Trauer ist nichts Feststehendes. Sie kommt in Wogen. Schwere und leichte Momente wechseln sich ab. Unterbrechung ist dabei mehr

als nur eine kurze Pause und dann einfach weiter wie zuvor. Es ist eine heilsame, schöpferische Pause, da auch darin etwas geschieht. Der Theologe Johann Baptist Metz geht so weit zu sagen, dass Unterbrechung die kürzeste Definition von Religion sei. Wie ein unerwartetes Geschenk fallen die Unterbrechungsmomente einem manchmal in den Schoß an den Tagen, an denen die Trauer irgendwie milder ist, man sich aufrichtet und Kraft schöpft, Sehnsucht wächst, Klarheit und Weite. Luftkurort-Gefühle. Manche Pausen sind geschenkt, Momente des Glücks, die man nicht herstellen kann. Man kann sie nicht anhalten, nicht verlängern. Sie sind einfach da. Zugleich bleiben sie ein Geheimnis, eben weil wir sie nicht einfach wiederholen oder herstellen können. Andere Pausen lernen wir auf dem Trauerweg für uns zu setzen: Eine Tür schließen. Sich bewegen. Musik hören als Ablenkung. Sich zurückziehen. Spazieren gehen. Atmen. Vögel beobachten. Schlafen. Sich Schönes schenken. Zeit entleeren statt immer mehr reinzupacken. Sich sagen, dass man nicht jeden Ball fangen muss, der einem zugeworfen wird. Pause machen ohne schlechtes Gewissen.

Anregung für deine Blau-Momente

»Vergiss nicht, auch was für dich zu tun!«, »Such dir doch ein neues Hobby!« »Mach doch mal wieder was Schönes!« – Solche Tipps sind leicht gesagt und die meisten Menschen, die sie uns geben, meinen es auch gut. Denn es ist natürlich wichtig, etwas für sich zu tun und gut für sich zu sorgen, Pausen zu machen. Ohne das wird man die Zeit nicht durchstehen. Doch die Umsetzung ist weit schwerer, als das einfach ausgesprochene Wort »Selbstfürsorge« denken lässt. Es gibt so viel zu tun. Der Alltag ist voll.

Wenn man damit beginnen will, für sich selbst Pausen zu planen, Auszeiten aus dem Karussell der Gedanken und Aufgaben zu nehmen, kommt es darauf an, dies in kleinen Schritten zu tun. Denn die Trauer ist nicht unbedingt die beste Zeit, um das Leben neu zu gestalten und ab jetzt alles anders zu machen. Grundsätzlich zu entrümpeln, wenn ich gerade gar nicht so genau weiß, was ich brauche, suche und was mir hilft, ist schwierig.

Sich eine Pause zu gönnen, das kann im Alltag ganz klein beginnen mit der persönlichen »Tee-Beute«.

~ *Nimm dir einen Tee in Beuteln, den du magst.*

~ *Suche dir eine Zeit aus, in der du wenigstens fünf Minuten Ruhe haben kannst.*

~ *Lege Stift, Tasse und Tee bereit.*

- Die Übung beginnt, während du das Wasser für deinen Tee kochst. Versuche in dieser Zeit nichts zu tun, sondern bleibe neben dem Wasserkocher, dem Kessel stehen. Atme dabei bewusst, schließe die Augen. Es ist erstaunlich, wie lange sich am Anfang die Zeit anfühlt, bis das Wasser kocht. (Wenn du mit dem Wasserkocher geübt hast, lassen sich diese Pausen auch bei anderen Gelegenheiten üben: beim Kochen, an der Ampel, an der Kasse beim Einkaufen, beim Warten auf den Bus ...)
- Gieße dann das Wasser in die Tasse und suche dir einen bequemen Platz, nimm deinen Stift und die Teeverpackung mit.
- Überlege: Wo oder womit habe ich mir heute Gutes getan? Schreibe dafür ein Wort in dein Teebeutelpapier. Vielleicht findest du an manchen Tagen nicht viel. Dann schreibe genau das auf: »nicht viel«. Oder du kannst schreiben: »Tee getrunken«. Denn das zumindest hast du schon getan: einen Tee gekocht und getrunken, den du gerne trinkst.
- Sammle deine Teebeutelhüllen. Du kannst aus ihnen je nach Geschick Sterne falten, wenn du sie auffaltest, den Rand begradigst und zwei Quadrate herausschneidest. Oder Schmetterlinge. Oder kleine Schiffe. Du kannst sie aber auch einfach so sammeln oder auffädeln.
- Was auch immer du mit deiner »Tee-Beute« machst – sie bewahrt dir all die Momente, in denen der gute Ratschlag, auch auf sich zu achten, zumindest kurz Gestalt angenommen hat. Und was im Alltag eine Gestalt hatte, verschwindet nicht, sondern wirkt weiter. Die wachsende Zahl der »Tee-Beuten« zeigt, wie oft es dir im Alltag gelungen ist, eine kleine Auszeit zu nehmen und wahrzunehmen, was eigentlich alles da ist an Gutem. Ein Anlass zu Dankbarkeit.

Platz für Pausengeschenke

Beziehungs(ge)schichten

Geteiltes Leben verbindet uns. Waldemar Pisarski zeichnet das Bild der Beziehungsfäden, die zwischen zwei Menschen zeitlebens entstehen und die aus den gemeinsamen Erlebnissen und Erfahrungen, die man teilt, gewoben werden. All diese Bindungen suchen einen Ort, wenn ein Mensch plötzlich fehlt.

Die meisten unserer Erinnerungen sind mit Gefühlen, Gerüchen und verschiedenen Farben verbunden: die Farbe unseres ersten Fahrrads, der erste Schulranzen, der Lieblingspullover, das Sofa unserer Kindheit, die Lampe im Wohnzimmer, der Boden im Kinderzimmer. Farben wecken Erinnerungen. Es ist wie beim Betrachten von Bildern, auf denen wir mehr sehen als nur das, was abgebildet ist. Wenn wir beispielsweise ein Urlaubsfoto anschauen, dann sehen wir auch, was wir davor und danach gemacht haben. Wir können Gerüche, Temperaturen, Gefühle und Stimmungen erinnern. Und wir wissen, was uns damals bewegt hat, was wir gewünscht und gehofft und geträumt haben.

Wenn wir unsere Erinnerungen durchforsten, haben Menschen darin immer wieder wechselnde Rollen: sie sind Anlaufstelle, Urvertrauen, Ratgeberin, Koch, Versorgerin, Kritiker, Freundin, Gegenüber, Vorbild, Berater, Sicherheit, Rückhalt, Problemlöserin, Wärme und Lachen, Unterdrückerin, Feindbild, Lehrer, Fels in der Brandung …

Wie die Erinnerungen an die Farben unseres Lebens vielfältig und bunt nebeneinanderstehen, so auch die verschiedenen Rollen, in denen Menschen uns im Lauf unserer Beziehung begegnen.

Buntheit ist das Nebeneinander verschiedener Farben ohne Vermischen. Es ist darum auch eine wichtige Trauerfarbe, ohne selbst eine Farbe zu sein. In der Trauer wird uns bewusst, wie vielschichtig unsere Geschichten mit anderen Menschen sind. Wie kompliziert Beziehungen, Erinnerungen und Gefühle eigentlich sind. Und auf der anderen Seite: wie vielschichtig auch wir selbst sind. Vielleicht entdecken wir dunkle Flecken, wo wir sie nicht vermutet haben. Oder wir trauern intensiv um jemanden, mit dem wir im Leben viel gekämpft haben und das Gefühl hatten, offene Rechnungen zu haben. Oder wir entdecken Gefühle und Stimmungen an uns, in denen wir uns selbst fremd sind. Wir trauern um echte Menschen aus Fleisch und Blut, die wie alle Menschen Licht und Schatten hatten, gute Seiten und verletzende. Und auch wir trauern als Menschen aus Fleisch und Blut und legen alle Gefühle von Wut, Freude, Ohnmacht, Sehnsucht, Traurigkeit, Liebe, Antriebslosigkeit und Hoffnung in die Waagschale. Wir trauern als Menschen mit Vorgeschichten, mit Erfahrungen, was wir schon bewältigen konnten. Dieser Schatz an Erinnerung und Wissen geht mit uns auf den Weg.

Anregung für deine Bunt-Momente

Erinnerung ist entgegen der landläufigen Meinung nichts, was objektiv die Wirklichkeit abbildet. Sie ist stark geprägt durch unsere Wahrnehmung, Stimmung und Erfahrung zu einem bestimmten Zeitpunkt. Erinnerungen verändern sich daher immer wieder. Wenn ich zur Arbeit fahre ohne Stress, dann wird es Ampeln geben, die rot, und andere, die grün sind. Ich weiß hinterher jedoch nicht mehr, welche was war. Wenn ich aber zu spät losgefahren bin zu einem wichtigen Termin, dann weiß ich genau, welche Ampeln rot waren, da ich mich an jeder darüber aufgeregt habe. An was ich mich erinnere, hängt also mehr von mir und meiner Stimmung ab als von meiner Umgebung. Auch die Erinnerungen an Menschen bilden nie die ganze Wirklichkeit ab. Es sind vielmehr besondere Momente, die aus irgendeinem guten oder schlechten Grund herausgehoben sind.

Erinnerungen und Geschichten sind eine Form, in der die Liebe überdauert. Sie halten den oder die Verstorbene lebendig. In Traueranzeigen liest man oft, dass Menschen in »liebender Erinnerung« gehalten werden. Dabei ist es manchmal gar nicht so einfach, im eigenen Schmerz, vielleicht auch mit den Bildern des Sterbens im Kopf zu den heilenden, liebevollen und wärmenden Erinnerungen zurückzukehren. Sie sind manchmal wie weggewischt und müssen erst Stück um Stück freigelegt werden in einer Bewegung der Rückwärtsliebe, in der die verstorbene Person hinter dem Schmerz neu entdeckt wird. Wenn Kinder sterben, der Tod überrascht hat oder Pläne durchkreuzt, kommt einem die Zahl der Erinne-

rungen vielleicht auch zu klein vor im Vergleich zu dem, was man als nichtgelebtes Leben betrauern möchte.

Erinnerungen sind manchmal einfach da. Man kann sie aber auch bewusst herbeiholen. Sammle für dich Bruchstücke der Person zusammen, um die du trauerst. Dabei kann es helfen, sich die Person mithilfe der Impulsfragen in ihrer ganzen Lebendigkeit, allen Eigenheiten und Gewohnheiten zu vergegenwärtigen.

- ~ Was ging für dich absolut gar nicht?
- ~ Was mochtest du unbedingt und immer?
- ~ Was war dir wichtig und wertvoll?
- ~ Dein Charakter in drei Worten?
- ~ Was haben wir gemeinsam?
- ~ Worüber waren wir immer uneins?
- ~ Worüber konnten wir beide lachen?
- ~ Was hast du gerne erzählt?
- ~ Was war unser schönster gemeinsamer Urlaub?
- ~ Was waren deine Lieblingskleider?
- ~ Womit hast du am liebsten deine freie Zeit verbracht?
- ~ Was war dein Lieblingsessen?
- ~ Welcher Gegenstand erinnert mich an dich und warum?
- ~ Welcher Typ warst du? Lieber lesen oder fernsehen? Strand oder Kultur? Natur oder Stadt? Süß oder salzig essen?
- ~ Was ist das größte Geschenk, das du mir gemacht hast?
- ~ Worauf warst du besonders stolz?

Platz für
rückwärtsliebende Erinnerungen

Lebensmosaik

Viele Menschen erleben den Tod einer nahestehenden Person als Bruch ihres bisherigen Lebens. »Das verändert doch alles!«, sagte einmal eine Mutter kurz nach dem unerwarteten Tod ihres Sohnes. Und damit hatte sie ein gutes Gespür für das, was auf sie zukam. Die Prioritäten, wie sie bis dahin in der Familie gelebt wurden, kamen auf den Prüfstand. Jeder aus dieser neuen Perspektive vermeintlich unnötige Streit, jede Unachtsamkeit, jede Kleinigkeit wurde aus dem Gedächtnis hervorgeholt und kritisch betrachtet. Das verändert doch alles! Es verändert den Blick auf das Leben des Verstorbenen und auf das eigene Leben. Was war gut? Was war schlecht? Was sind wir uns schuldig geblieben? Was hätte ich mir anders gewünscht? Welche meiner inneren Werte habe ich bisher gelebt? Was soll anders werden, weil ich jetzt spüre, wie zart und zerbrechlich das Leben ist? Das Zerreißen des Sicherheitsnetzes, in dem man sich gedanklich eingerichtet hatte: das lässt Gewissheiten bröckeln, erschüttert Weltbilder. Medizin kommt an Grenzen, Unfälle geschehen – trotz allem. Hilflos stehen wir vor Schuldfragen, hadern mit dem Schicksal, erleben Schmerz um Unwiederbringliches, Zweifel, Angst, Ohnmacht, Versagen und Scham. Mit einer solchen Gebrochenheitserfahrung wieder in einen Lebensfluss zu kommen, ist eine schwierige Aufgabe. Zugleich ist das Gegenüber nicht mehr da, mit dem man vielleicht manches noch auszuhandeln gehabt hätte.

In einem Mosaik wird aus vielen kleinen Teilen ein Ganzes, ein neues Bild entsteht – aber eben aus Scherben, Bruchstücken. Nimmt man das Mosaik als Bild für die eigene Trauerarbeit, dann steckt darin ein tröstlicher Gedanke: Auch aus den Stücken, aus dem Unvollkommenen, den Teilen und Bruchkanten wird etwas werden. Es ist nichts verloren oder umsonst. Im Mosaik dürfen die Fragmente unserer Überzeugungen und Selbstwahrnehmungen, die durch den Tod zerbrochen wurden, ein neues Bild werden, ohne den Schmerz einfach wegzuwischen oder zu überdecken. Und auch das, was wir vielleicht an Bruchstücken und Ideenschnipseln als Zukunftssehnsucht in uns haben, darf sich verbinden. Etwas Neues wächst daraus.

»Versehrter und immer heiler« – diese Worte aus einem Gedicht Hilde Domins stehen für das Mosaik-Paradox der Trauer. Gebrochenheiten bleiben nicht einfach nur Bruchstücke, die weggeworfen oder versteckt werden müssen. Sie sind Teil von uns, wenn wir es zulassen. Sie bestimmen unsere Gegenwart und auch die Zukunft, selbst wenn diese anders sein wird, als wir sie uns ausgemalt haben. Auch wir sind andere geworden. Was einmal gewichtig schien, hat vielleicht kaum mehr Bedeutung. Und im Wissen, was man alles überlebt hat, was man geschafft hat, und was man alles an inneren Kämpfen durchgefochten hat, begegnen wir neuerlichen Problemen anders. Unser Gefühl für das, was wirklich zählt am Ende des Tages, was wirklich schwerwiegt, hat sich verschoben. Und das macht uns resilienter, stärkt für künftige Krisen, die wir als veränderte Menschen erleben. Versehrter und immer heiler.

Anregung für deine Mosaik-Momente

Im antiken griechischen Theater war es üblich, dass die wenigen Schauspieler jeweils mehrere Rollen spielten. Für jede dieser Rollen hatten sie eine entsprechende große Maske, durch die sie sprachen. So konnten die Zuschauer gut erkennen, wen sie gerade darstellten. Das griechische Wort für diese Masken ist dasselbe wie für Gesicht: *prosopon*. Lateinisch hießen sie *persona*. Das lateinische Wort hatte ein sehr breites Bedeutungsspektrum: Es stand für die Schauspielermaske, für die Rolle (im Schauspiel oder Leben), die Amtsstellung und die Person oder Persönlichkeit.

Das, was wir heute unter »Person« verstehen, ist von diesem *persona* abgeleitet. Dabei ist unser Begriff allerdings fast nur von der letzten Bedeutung geprägt. Mehr noch: Nach unserem Empfinden ist Person etwas völlig anderes als das, was das antike Theater darunter verstand: Eine Maske trage ich gerade, um mein Gesicht, meine Identität und meinen wahren Kern vor anderen oder manchmal auch mir selbst zu verbergen. Rollen empfinden wir als äußere Zuschreibungen, die aber nicht unsere Person wirklich beschreiben. Wer bin ich? Was bin ich? Was macht mich aus? Wer möchte ich sein? Als wer möchte ich wahrgenommen werden? Wie wünsche ich mir, erkannt zu werden? All diese Fragen sind letztlich Fragen nach dem Kern, nach dem, was mich wirklich ausmacht hinter allen Masken und Verstellungen. Es geht um meine Identität.

Nimm dir Zeit und gestalte dir deine eigene Ich-Maske, in der alle Aspekte von Maske und Identität, Rolle und innerstem Kern, zugeschriebene und gefühlte Eigenschaften in ihrer Gegensätzlichkeit miteinander Platz haben können. Du kannst sie beschreiben, bekleben, bemalen – was immer dir entspricht.

Vielleicht helfen dir dabei folgende Fragen:

~ Wer bist du und wie verstehst du dich?

~ Und wer bist du noch? Was magst du, was ist dir wichtig?

~ Und wer bist du noch? Was treibt dich an?

~ Und wer bist du noch? Wo brauchst du Schutz?

~ Und wer bist du noch? Was gibt dir Halt?

~ Und wer bist du noch? In welchen Rollen erlebst du dich?

~ Und wer bist du noch?

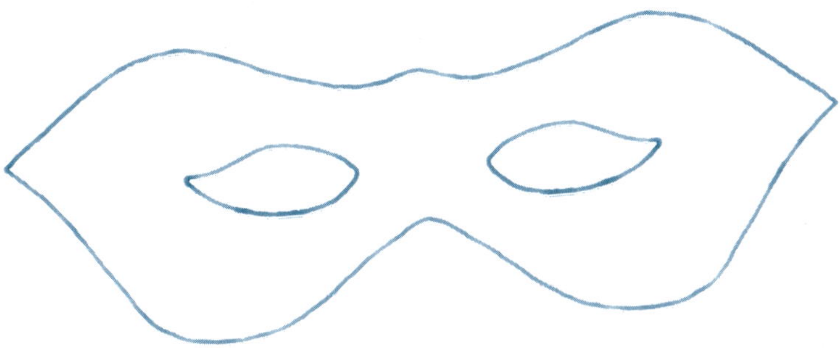

Platz für Mehrdeutigkeiten, die alle mit »und« anfangen können

Überlebenslichter

Gelb ist die Farbe der Sonne, der Wärme, des Lichtes. Das erste Schöpfungswort nach Genesis 1 war: »Es werde Licht.« Wo Licht ist, da ist Leben möglich, Begegnung, Entwicklung. Wir alle tragen Sehnsucht nach Licht in uns, nach wärmenden Momenten. Wo es hell ist, da schwindet die Angst. Wir erkennen klarer, was vor uns liegt. Rainer Maria Rilke schrieb nach dem Tod seiner Freundin Paula Modersohn-Becker: »Dass wir erschraken, da du starbst, nein, dass dein starker Tod uns dunkel unterbrach, das Bisdahin abreißend vom Seither: das geht uns an; das einzuordnen wird die Arbeit sein, die wir mit allem tun.« Und auch dafür brauchen wir Licht, um betrachten zu können, einzuordnen, manches zu verabschieden, anderes zu entdecken.

Mit Licht und Leben assoziieren wir auch Leichtigkeit, Glück und Lachen – eben die sonnigen Gefühle, die es im Reich der Emotionen gibt, mit denen wir uns gerne zeigen und die wir auch an unsere Kinder weitergeben möchten. Und die wir vermissen, nach denen wir uns sehnen, wenn sie scheinbar abhandengekommen sind nach dem Tod eines geliebten Menschen. Doch wenn sie sich dann tatsächlich wieder einstellen – das erste Lachen, das erste Mal glücklich sein, das erste Mal unbeschwert –, spüren viele plötzlich ein Schuldgefühl: Darf ich das? Und die Angst, nicht richtig zu trauern. Etwas zu verdrängen. Etwas irgendwie falsch zu machen.

Auf einem Trauerweg finden sich neben den Lichtmomenten auch Lichtgestalten, Menschen, die einfach da sind oder anregen, ermutigen, inspirieren. Vielleicht sind es unerwartete Begegnungen: alte Freunde, die einem beistehen, Geschwister, Nachbarn, Kollegen. Oder neue Freundschaften, die wachsen und Kraft geben. Vielleicht ist es auch eine Summe aus Begegnungen hier und da, die wie eine Lichterspur unseren Alltag durchzieht und das Schwere ein bisschen leichter macht. Weil man spürt, dass man nicht allein gegen das Dunkel und die Angst und die Sorgen anleuchten muss. Dass andere Menschen mitleuchten.

In der Trauer ist Licht, sind Lichtmomente und Lichtgestalten besonders wichtig. Weil sie das Dunkel heller machen. Und weil es manchmal auch einfach hilft, ein Licht für unsere Verstorbenen anzuzünden. Als Ritual, das verbindet. Es gibt den Ort »oben«, wo die Seele hingeht. Es gibt den Ort »unten«, wo der Körper hingeht. Und dann gibt es den Ort »bei mir«, den man beim Anzünden der Kerze spüren kann. Wir brauchen solche Verbindungen, die uns in unserem übergroßen Gefühl des Vermissens tragen. Momente, die uns wärmen. Und manchmal auch nur Augen, um die Lichter, die um uns herum brennen, wieder sehen zu können.

Anregung für deine Gelb-Momente

Rituale gestalten unser Leben, den Jahreszyklus, aber auch besondere Knotenpunkte des Lebens, die Umbrüche symbolisieren. Ein Symbol kommt bei diesen Wendepunkten oft vor: das Licht. Wir entzünden darum eine Kerze bei der Taufe, an Geburtstagen; es gibt im Katholischen den Brauch, bei der Hochzeit ebenfalls eine Kerze zu entzünden. Die Osterkerze, der leuchtende Weihnachtsbaum, das Licht der Silvesternacht, Sonnwendfeuer – Licht und Feuer begleiten unser Leben. Und auch das Sterben: In Hospizen und auf Palliativstationen stehen häufig Stationskerzen, die entzündet werden, wenn jemand stirbt. Auch wir selbst zünden zum Gedenken Kerzen an, tragen sie auf unsere Friedhöfe. Kerzenständer in Kirchen laden ein, im Gedenken oder auch für unsere Bitten und Dankbarkeiten ein Licht zu entzünden.

Wir wäre es, wenn das Licht, nach dem wir uns sehnen, plötzlich in der Welt wäre? Wenn es immer und überall leuchten würde? Und wie wäre es, nachzuschauen, ob dieses Licht schon da ist?

Wenn es heute Abend dunkel wird, dann mach einen Lichterspaziergang. Stell dich an dein Fenster oder gehe hinaus, durch deinen Ort und die Straßen und schau, wie viele Lichter dir leuchten:

In den Fenstern der Häuser.
Bei vorüberfahrenden Autos.
In den Straßenlaternen der Stadt.
Am Himmel.

Stell dir vor, dass diese Lichter heute einfach für dich da sind.

Und dann beginne,
für jedes dieser Lichter einen Wunsch,
eine Dankbarkeit,
eine Hoffnung
oder Sehnsucht zu formulieren.
Es müssen keine großen Dinge sein.
Vielleicht doppeln sich auch Wünsche und Dankbarkeiten.
Dann darf das sein.
Spüre nach, wie es sich anfühlt,
nur von Licht zu Licht zu schauen.
Wie eine Verbindung entsteht,
du dich weniger allein fühlst:

Da ist immer noch Licht.
Da sind immer noch Sterne am weiten Himmel.
Da ist immer noch Leben.
Da sind Menschen, die Licht angemacht haben.
Da ist die Weite der Natur, des Weltalls.
Schau, wie sich die Lichter zusammenfügen,
ineinanderwirken, mit dir wirken.
Spüre, wie deine Augen oder deine Füße
dich von Licht zu Licht tragen.
Die Lichter sind wie eine geheime Spur vor dir,
du kannst ihnen folgen.
Wie segensreich es ist,
das Licht zu spüren.

Vielleicht willst du diesen Segen auch zurückgeben und den Menschen in den Häusern etwas Gutes wünschen? Denn das bedeutet segnen: einander Gutes wünschen und zusprechen. Direkt oder in Gedanken. Die evangelische Theologin und Dichterin Dorothee Sölle schrieb einmal, dass Wünschen zu lernen nichts anderes sei als Beten zu lernen. Darum beende deinen Lichtspaziergang mit einem »Amen«, wenn du magst.

Platz für Lichtgestalten, Lichtmomente, Sehnsuchtslichter, Lichtworte

Zukunftsschreibwerkstatt

Weiß ist eine Farbe, die eigentlich nicht für diese Welt gemacht ist. Wer einmal versucht hat, in weißer Kleidung einen Tag durchzustehen – und zwar ohne extra darauf zu achten –, weiß das. Jede noch so kurze Berührung hinterlässt Spuren: Das Weiß spiegelt wider, was wir am Tag erlebt haben und wo wir waren. Es reflektiert und spiegelt unseren Alltag. Und das Licht. Es strahlt zurück, was ihm begegnet und zu ihm kommt. Weiß ist in diesem Sinn auch Projektionsfläche, bereit zurückzugeben, ohne zu verändern oder zu verfälschen. Ein Bild, auf eine weiße Leinwand geworfen, behält seine eigenen Farben. Es wird nichts umgedeutet, nichts verändert. Aber es darf strahlen.

Weiß hat etwas Fernes, Kühles, Steriles, Perfektes an sich – und ist zugleich Sehnsuchtsfarbe. Darum wird weiß in vielen Kulturen als göttliche und geistige Farbe verstanden. Nicht umsonst steht Weiß für die Reinheit. Den frisch Getauften werden daher als Zeichen ihrer neuen inneren Reinheit und besonderen Würde weiße Gewänder angezogen. Im weißen Gewand strahlt nach außen, was sich im Inneren gewandelt hat. Inneren Wandel kann man auch mit der Fähigkeit des Menschen verbinden, Dinge zu reflektieren: Ich kann alles Erlebte anschauen, einordnen und verstehen, deuten. So beginnt jedes Lernen. Aber auch im Alltag gibt es Sehnsuchtsbilder voller Weiß. Ich denke zum Beispiel an eine Landschaft mit unberührtem Schnee. Alles darin scheint neu, anders, rein. Auch hässliche Ecken wirken unter einer Schneeschicht sanfter. Und Weiß ist die Farbe des Friedens – die Ruhe der Schneelandschaft, die Hoffnung der Friedensfahne, die Zuversicht der weißen Taube.

Trauer ist in diesem Sinn weiß wie ein leeres Blatt, unbeschrieben und immer bereit, etwas Neues zu werden. In der Trauer gibt es Momente, in denen plötzlich Tröstung geschieht, in denen sich etwas heiler anfühlt, man Dinge einordnen kann und akzeptieren kann, was ist. Es sind manchmal nur kurze, unverfügbare, geschenkte Augenblicke. Sekundenglücksmomente. Vielleicht ein inneres Gefühl von »es ist jetzt gut für mich« oder von unverlierbarer Verbundenheit. In diesen geschenkten Momenten wachsen wir über uns hinaus, sehen neue Möglichkeiten, spüren Zukunft und Perspektiven – in einer guten Verbindung mit uns, unserer Geschichte und unseren Verstorbenen. »Die Vergangenheit hat mich gedichtet«, schreibt die Lyrikerin Rose Ausländer. Aus diesen Momenten wächst eine neue Geschichte auf dem weißen Blatt Trauer oder wir schreiben an unseren Geschichten weiter. In unseren eigenen Worten, unserer eigenen Sprache. Es sind Worte, die wir nur für uns selbst sagen und spüren, die uns aber tragen können.

Anregung für deine Weiß-Momente

»Synchronizität« nennt der Psychoanalytiker C. G. Jung die Erfahrung, wenn unerwartete Begegnungen in der Natur oder anderen Orten sich im Alltag plötzlich mit einem starken inneren Sinn verbinden, den nur die betroffene Person selbst spüren und hineinlegen kann. Dieser innere Sinn, dieser Bezug einer äußeren Erscheinung zu unserem Inneren gibt oft starken Halt, Hoffnung, Zuversicht und neue Kraft. Ein Sonnenstrahl, der durch die Wolken blitzt nach regennassen Stunden bestärkt dann in dem Gefühl, jetzt auf dem richtigen Weg zu sein. Auch im unerwarteten Schmetterling im frühen Frühjahr, im plötzlichen Windhauch, dem Regenbogen oder fallenden Blättern erleben Trauernde einen Gruß ihrer Verstorbenen. Diese Momente sind wie ein Geschenk und führen manchmal zu einem tiefen Gefühl, dass etwas heiler geworden ist. Ein wertvoller Moment, den man nicht erklären kann – und wenn man es versucht, dann kommt man doch nie an das Gefühl heran: Es ist einfach. Manchmal flüchtig als kurzer Vorgeschmack auf: »Es ist jetzt gut.«

In der Erfahrung der Synchronizität gibt ein äußeres Erleben den Dingen, die uns im Inneren bewegen, plötzlich einen Sinn. Es ist aber auch andersherum möglich, den Dingen, die uns innerlich bewegen bewusst eine Gestalt zu geben, um mit ihnen in Kontakt zu treten. Das tun wir im Alltag, wenn wir ein Gespräch vorab im Geist imaginieren und beispielsweise mit unserem Spiegelbild einüben, was unser Gegenüber sagen könnte.

Im Blick auf Emotionen oder innere Gefühlslagen kann der ehemalige englische Premierminister Winston Churchill ein Vorbild sein, der zeitlebens mit Depressionen zu kämpfen hatte. Er nannte sie seinen »schwarzen Hund«. Auch die Trauer kann man sich in Gestalt eines persönliches Trauertieres vorstellen, je nachdem, wie sie sich für einen anfühlt. In der Schwere wie Churchills schwarzer Hund? So langsam, klebrig und mühevoll wie eine Schnecke? Wie ein Tiger, der wütend das Andenken und die Erinnerungen verteidigt und alle wegfauchen möchte? Hilflos wie ein Vogeljunges? Als Schildkröte, die sich in ihren Panzer zurückzieht oder als Seepferdchen, das sich an jeden Halm klammert? Ein Sammler wie die Maus Frederick von Leo Lionni? Vielleicht ist deine Trauergestalt aber auch ein Symbol oder wichtiger Gegenstand in deiner Umgebung? Eine Märchengestalt? Oder eine spirituelle Gestalt wie ein Engel, der dich an der Hand nimmt? Vielleicht findest du auch in einer Naturerscheinung eine passende Gestalt für deine Trauer?

Gestalte auf der nächsten Seite deine persönlichen Trauergestalt. Je nachdem, was für dich passt, ist sie in Worten oder Bildern versteckt oder in Wortbildern. Vielleicht braucht sie wenige Striche, vielleicht mehr. Fühl in dich hinein:

~ *Wie sieht deine Trauergestalt aus?*

~ *Welche Wege führt sie dich?*

~ *Hast du etwas von ihr gelernt?*

~ *Wie wohnt sie bei dir?*

~ *Wie ist der Alltag mit ihr, gibt es schon Vertrautheit?*

~ *Wann überrascht sie dich im Positiven wie im Negativen?*

~ *Gibt es etwas, wofür du deiner Gestalt dankbar bist?*

Platz für deine Gestalten

Lichtrisse

Gold. Damit verbinden wir eine hohe Wertigkeit. In unsicheren Zeiten legen die Menschen ihr Geld in Gold an, weil es seinen Wert behält und es nur eine begrenzte Menge davon gibt. Gold ist irgendwie heilig und kitschig zugleich. Eine Farbe, die darum sehr gut zu Weihnachten passt und anderen Anlässen, die herausgehoben sind.

Oft spricht man traditionell von einem Trauerjahr. Aber »das« Trauerjahr gibt es nicht. Es gibt ein Jahr, in dem man die erwarteten Feste und Anlässe das erste Mal ohne die Verstorbenen durchlebt: Weihnachten, Geburtstag, Ostern, Ferien, der erste Todestag ... Und danach gibt es ein ganzes Leben, in dem man unerwartete Ereignisse, Feste und Momente im Alltag ohne die Verstorbenen erlebt: das Gespräch, das man nicht führen konnte; den Moment, in dem man den Rat, den man sich wünscht, nicht bekommen konnte; die Nähe, das Lachen, die Diskussionen, die man nicht teilen konnte; die Hochzeit, den Umzug, den Jobwechsel ...

Weihnachten ist wie andere große Anlässe im Jahreslauf oder in der eigenen Biografie für Trauernde kein einfach nur schönes Fest. In dieser Zeit spürt man am deutlichsten, dass Feste wie Risse in der Familienbiografie hervortreten. Denn Weihnachten ist ein Familienfest im umfassenden Sinn: eine Feier mit allen lebenden und verstorbenen Mitgliedern, mit denen wir früher feierten, mit denen wir heute feiern und auch mit jenen, mit denen wir gerne feiern würden.

Vor Rissen keine Angst zu haben – davon singt Leonard Cohen in seinem Lied »Anthem«: »There is a crack in everything. That´s how the light gets in.« In allen Dingen ist ein Riss. So kommt das Licht herein. In Japan werden diese Lichtrisse durch eine besondere Handwerkskunst gewürdigt: Kintsugi. Wenn eine wertvolle Teeschale zerbricht, dann wird sie aufwändig repariert. Aber das Ziel ist eben nicht, die Bruchstellen durch Geschick so gut wie unsichtbar werden zu lassen, wie wir das in der Regel versuchen: Heilgemachtes soll bei uns aussehen wie neu. Kintsugi dagegen betont ganz bewusst die Risse, die entstanden sind durch den Gebrauch, durch das Zerbrechen, durch den Alltag, durchs Leben. In einen speziellen Lack wird Goldstaub eingebracht, sodass die Bruchkanten, der Makel wie eine Kostbarkeit hervorgehoben und betont bleiben. Der Goldstaub im Kintsugi steht für die besondere Achtung der Brüche und Unvollkommenheiten, die Wertschätzung der Fehlerhaftigkeit: Es ist eine Liebeserklärung an das Leben, wie es eben wirklich ist – auch und gerade in seinen nicht perfekten Seiten.

Der Makel in Gold statt dem Ideal der Makellosigkeit: Das lehrt Humor und Leichtigkeit. Setzt ins rechte Verhältnis. Ordnet Prioritäten und schenkt Abstand zu den Dingen. Ohne Angst. Mitten im Leben. In Gold!

Anregung für deine Gold-Momente

»Fehlertoleranz« gehört zu den Worten, die sich leicht als Ideal zur Lebensführung in den Raum stellen lassen – aber oft nicht leicht zu leben sind. In diese Reihe gehören auch Worte wie »annehmen«, »akzeptieren« oder »loslassen«. Das lateinische *tolerare* als Stammwort der Toleranz legt dabei die Latte gar nicht so hoch: Etwas zu ertragen oder auszuhalten ist etwas vollkommen anderes als eine Sache freudig zu begrüßen, sinnvoll oder gar schön zu finden. Denn niemand macht gerne Fehler oder freut sich darauf, endlich mal scheitern zu dürfen. Ertragen und aushalten lässt eine Differenz offen zu dem, wie ich es mir eigentlich gewünscht hätte. Und dennoch ist es wichtig anzuerkennen, dass man Fehler macht, dass es ein Scheitern gibt. Mit allem Schmerz, der damit unter Umständen verbunden ist. Und dass man dennoch freundlich auf die Fehler schauen kann, denn es gehört zu uns als Menschen, nicht alles zu können. Wir sind weder ganz noch vollkommen, weder allwissend noch unfehlbar, weder unverletzbar noch allmächtig.

Die Anerkennung der eigenen Grenzen führt paradoxerweise in die Freiheit, weniger an ihnen zu leiden. Nicht, weil man sich schicksalsergeben darauf zurücklehnt und sich sagt: »So ist es halt.« Sondern weil wir an ihnen spüren können, wie unser Blick auf die Vergangenheit den Blick auf die Gegenwart und Zukunft beeinflusst. »Ich lebe mein Leben in wachsenden Ringen, die sich über die Dinge ziehn. Ich werde den letzten vielleicht nicht vollbringen, aber versuchen will ich ihn«, dichtete Rainer Maria Rilke. Sein Vertrauen, seine Zuversicht und Leichtigkeit auch im Blick auf ein mögliches Scheitern macht Mut: »Aber versuchen will ich ihn.« Wenn ich nicht erbarmungslos auf das Ergebnis schaue, sondern auf meine Intention, Hoffnung und Sehnsucht, dann reicht das.

Es ist befreiend und wohltuend zu entdecken, was man alles nicht braucht, was man eigentlich alles auch nicht können muss. Um die Schönheit dessen am eigenen Leib zu erfahren, gibt es eine einfache Übung. Nimm dazu – wenn du hast – einen Ball zur Hand. Oder nimm ein Geschirrtuch oder etwas anderes, das du verknoten kannst und das herunterfallen darf als Ball. Dann wirf deinen Ball in die Luft und fange ihn wieder auf. Vielleicht kannst du ihn auch gegen eine Wand werfen. Fange ihn immer wieder auf und wirf erneut.

Und dann lass ihn fallen. Bewusst fallen. Spüre dem nach, wie es sich anfühlt, etwas einfach mal nicht zu tun. Wie es ist, nicht jeden Ball fangen zu müssen. Es ist deine Entscheidung zu sagen: Nein, den nicht. Weil ich nicht will. Weil ich nicht kann. Vielleicht auch nur einfach so.

Wirf weiter deine Bälle und entscheide immer wieder: Welchen Ball nehme ich an, welchen lasse ich fallen? Spüre die wachsende Leichtigkeit dabei, nicht für alles Verantwortlich zu sein, nicht alles können zu müssen.

Platz für Leichtigkeit

Alltagsübung

Grau nehmen wir eher als unauffällig wahr, als langweilig. Mit Grau kann man nicht viel falsch machen – aber auch keine Akzente setzen. Es ist ein Gemisch aus schwarz und weiß, zweier Farben, die einerseits Licht reflektieren, es andererseits absorbieren. Zwei Gegensätze verbinden sich in dieser Farbe, die wir, meist das Leben in Städten gewohnt, nicht sonderlich wahrnehmen oder schätzen. Grau ist trist. Unbelebt.

Auch unser Alltag ist etwas Vertrautes, das wir normalerweise kaum als Leistung oder als etwas Besonderes, Wertvolles wahrnehmen. Es ist eben »das Normale«, gewachsen aus den Anforderungen des eigenen Lebens, nach dem man nicht extra schauen muss. Wie wichtig dieser Alltag ist, die Fähigkeit, das Gewohnte schaffen zu können, merken wir erst, wenn wir aus ihm herausfallen und ihn eben nicht mehr schaffen können. Wenn wir uns beispielsweise bisher

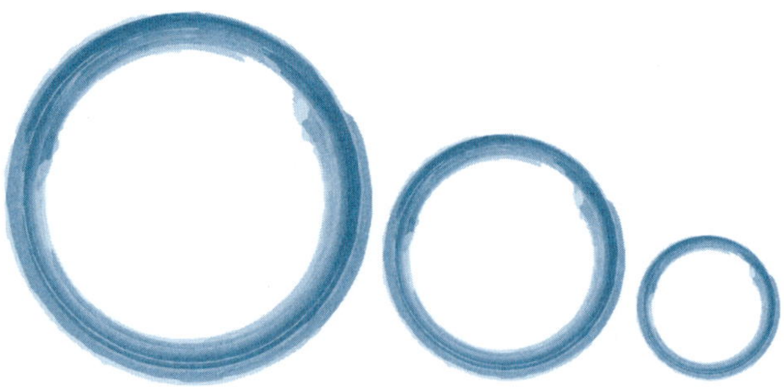

als zielstrebig und organisiert eingeschätzt haben und plötzlich merken, dass wir uns nichts mehr merken können, keinen Antrieb haben, aufzustehen und noch weniger, uns anzuziehen, zu duschen, zu essen ... dann sind wir uns selbst fremd. In diesen Momenten merken wir erst, wie schwer Trauer sein kann, wie schwer sie wiegt und wie tiefgreifend sie uns verändert. Manchen macht das Angst, da Trauer sich an diesem Punkt ähnlich anfühlt wie sie sich eine Depression vorstellen.

Auf der anderen Seite spüren wir plötzlich, welch hohes Gut, welch wertvolle Stütze der Alltag sein kann. Wie gut Normalität tut. Die Suchbewegungen der Trauer, die Fragen nach Bindungen und Bildern, die uns Halt geben und tragen, machen spürbar: Es kann schwer sein, den eigenen Alltag wiederzufinden – als neuen Alltag »ohne dich«.

Im Alltag wird aber auch deutlich, wie schnell die Welt sich einfach weiterdreht: Das Leben nimmt keine Rücksicht. Das ist schrecklich und gut. Denn es zeigt, was man alles schaffen kann, was man bereits gelernt hat und was man noch lernen wird. Den Alltag wieder zu bewältigen, ist dabei oft schon etwas, was mit dem Verstorbenen verbindet. Denn was würden wir uns wünschen, wenn wir wüssten, dass wir jetzt sterben müssen? Ziemlich sicher, dass die Menschen, die wir lieben, klarkommen.

Grau steht daher für die Dankbarkeit für alle kleinen Schritte, die uns zurück in unseren Alltag beziehungsweise in den veränderten Alltag ohne unsere Verstorbenen hinein geleiten. Alltagsheldentum.

Anregung für deine Grau-Momente

Wir haben oft das Gefühl, dass nur das Außergewöhnliche zählt. Das Perfekte, Beeindruckende, Glänzende und Brillante. Und es stimmt, vor solchen Dingen haben wir Ehrfurcht. Wir bewundern sie. Wir wünschen uns vielleicht – mitunter auch voller Neid – in Tagträumen dorthin. Aber wenn es darum geht, was uns anrührt, ist es in der Regel nicht das, was wir bewundern, sondern das Zarte, Zerbrechliche, für das wir Wärme, Mitgefühl und Freundlichkeit empfinden. Ein Grund für dieses Gefühl der Nähe und Wärme liegt vielleicht in der Erfahrung des eigenen Menschseins, der eigenen Grenzen und Schwächen: Viktor E. Frankl, der Begründer der Logotherapie und selbst KZ-Überlebender, sprach einmal von seiner Grundhaltung, die er als »tragischen Optimismus« bezeichnete. Es geht nach Frankl darum, das Beste – also das Optimum – in dem anzustreben, was innerhalb der gegebenen Umstände durch die Grenzen der eigenen Person oder der äußeren Umstände möglich ist. Das mag objektiv betrachtet nicht das Bestmögliche sein, das man in einer perfekten Welt anstreben könnte. Aber die gibt es eben nicht. Doch es gibt den Stolz auf das, was man sich gegen Widerstände und manchmal auch über die eigenen Grenzen hinaus errungen hat. Dieses Wissen und diese Gefühle sind starke Ressourcen und Kraftquellen.

Im Alltag passiert es leicht, dass wir aus dem Blick verlieren, was wir alles tun, weil es mitunter vertraute Handgriffe sind. Oder Dinge, die man eben tun muss. Einkaufen zum Beispiel. Im Alltag liegen aber auch die Momente, in denen ich Dinge nach dem Tod eines Menschen zum ersten Mal (wieder) mache. Das kann alles sein: Geburtstag feiern, einen Handwerker anrufen, ein neues Auto kaufen, Marmelade kochen, Plätzchen backen, Weihnachten feiern, ein neues Jahr beginnen, in den Urlaub fahren, die Steuererklärung machen ... Manches davon erleben wir ganz bewusst, wir bereiten uns darauf vor, anderes schleicht sich so heran. Manchmal spürt man die Trauer schon herankommen, manchmal überkommt sie einen mittendrin. Aber allen Momenten gemeinsam ist: Sie sind eine Leistung, Meilensteine auf dem Trauerweg.

Im Film »Vielmachglas« bekommt die Hauptfigur Marleen, eine junge Frau, die nicht weiß, was sie mit ihrem Leben anfangen soll, von ihrem großen Bruder ein leeres Einmachglas geschenkt. Sie soll dieses Glas mit Zettelchen füllen, auf denen sie ihre vielen Abenteuer aufschreibt, die sie erlebt. Daher der Name. Nach dem Tod ihres Bruders macht sie sich dann mit dem Glas auf den Weg.

Gestalte dir ebenfalls ein »Vielmachglas« aus einem alten Vorratsglas und sammle darin die Dinge, die du erlebt hast, auf Zetteln:

- was du geschafft hast;
- was du vielleicht neu entdeckt hast;
- welche Fähigkeiten du hast;
- was du angestoßen hast für deine Zukunft;
- was du einfach gerne erzählen würdest;
- Meilensteine.

Du kannst dein »Vielmachglas« natürlich auch noch gestalten, wenn du möchtest.

Platz für deine Vielmacherlebnisse, Vielmachideen und -pläne

Alleinsamkeit

Auch wenn unsere Augen ziemlich viele Farben wahrnehmen können, gibt es einen Teil des Farbspektrums, den ultravioletten, den wir nicht sehen können. Bienen und Vögel können sich jedoch an diesen Farbfeldern orientieren, die unserer Wahrnehmung entzogen sind. Doch wenn wir sie auch nicht sehen können, spüren wir die Wirkung, die sie auf uns haben. Denn diese sogenannte UV-Strahlung ist dafür verantwortlich, wenn wir uns einen Sonnenbrand holen. Wir sehen nur einen Teil der Wirklichkeit, spüren aber Auswirkungen dieses Unsichtbaren – dieser Gedanke ist einerseits tröstlich, andererseits gewaltig und beunruhigend. Violett gilt wohl nicht umsonst als göttliche Farbe.

Ich kann nur einen Teil sehen – das entbindet mich einerseits von der Verantwortung, alles verstehen, einordnen und überschauen zu müssen. Ich muss auch nicht allen Dingen Sinn geben können, muss nicht sagen, dass ich den Tod verstehe oder gut hinnehmen kann. Andererseits bleibe ich damit aber auch zurück mit dem Schmerz am Ungelösten, den Fragen, auf die mir in diesem Leben die Antworten entzogen bleiben.

Violett ist zudem die Farbe für die Umwelt, in der wir uns bewegen. Sie ist ein Symbol dafür, wie fremd einem die anderen werden können, wenn man andere Dinge sieht und spürt als sie, die nur einen Teil von dem wahrnehmen können, was man selbst sieht und spürt in der Trauer. »Einsam bist du sehr alleine – und am schlimmsten ist die Einsamkeit zu zweit«, schrieb der Autor und Lyriker Erich Kästner. Diese Einsamkeit in Gesellschaft, die fehlende Möglichkeit, das innere Gefühl wirklich zu vermitteln, ist schmerzhaft. Ebenso die Erfahrung, dass Menschen, denen man sich eigentlich nahe fühlt, an diesem Punkt ganz anders empfinden und handeln als man selbst. Manchmal vergleicht man sich auch mit den anderen, die mit dem Tod anders umgehen. Und denkt dann: Bin ich falsch? Sind die anderen falsch? Haben beide auf ihre Weise Recht? Gibt es doch einen Ort jenseits von richtig und falsch? Wie viel Eigenheit kann ich mir und anderen zugestehen? Wie viel Verletzendes ist darin? Wie kann ich mich schützen? Und wie groß ist mein Mut, auch den anderen zuzusprechen, Dinge anders zu empfinden, aber nicht benennen zu können? All das strengt an, da der Umgang mit Erwartungen an mich und an andere auf mein bisheriges Leben und meine bisherigen Erfahrungen aufbaut, auf mein bisheriges Krisenmanagement, bisherige Anlaufpunkte und Ratgeber. Die Erschütterung dieser Gewissheiten und Wege ist ein zusätzlicher Schmerz auf Trauerwegen. Sie verlangt, Erwartungen zu klären, Enttäuschungen zu verstehen, Verzeihen zu lernen, Bilder zu verabschieden oder zumindest anzupassen an das, was ein Gegenüber leisten kann.

Anregung für deine Violett-Momente

Der Theologe Fulbert Steffensky schrieb einmal über die »Würde der Untröstlichkeit«. Seiner Meinung nach zeichnet es eben gerade Menschen mit einem persönlichen Glauben und einem guten Vertrauen ins Leben aus, dass sie Widersprüchlichkeiten und Leid aushalten können und nicht »vertrösten«, indem sie den Schmerz kleinreden oder irgendwelchen Sinn hineingeheimnissen, um die Traurigkeit des Gegenübers und die eigene Ohnmacht angesichts dieses Leids nicht aushalten zu müssen. Dazu gehört auch die Wucht der Gefühle der Trauernden: Ungerechtigkeitsempfinden, Wut und Neid auf andere, die ihr Leben einfach scheinbar unbeschadet führen dürfen.

Jeder trauernde Mensch ist sicher schon »Vertröstern« begegnet, jene die sagen: »Er war doch schon alt.«, »Ihr geht es doch jetzt besser.«, »Wer weiß, was ihm so erspart geblieben ist.« Und sicher auch den »Wegduckern«, die verzweifelt ein anderes Thema anreißen. Den »Hinterherflüsterern«, die über einen, aber nicht mit einem sprechen. Und den »Gutmeinern«, die finden, man sollte doch mal wieder unter die Leute gehen, oder den »Verstehensübertreibern«, die auch schon mal traurig waren, mit Ratschlägen aufwarten und in erster Linie von sich erzählen. Und vielen anderen Typen.

Von einem trauernden Vater hörte ich einmal den Satz, dass es ihm besser gehe, seit er sein Erwartungsmanagement angepasst habe. Indem er weniger erwartet von seiner Umwelt, geschieht es umso häufiger, dass er positiv überrascht wird.

An diesem Violett-Tag lade ich dich jedoch ein, es genau andersherum zu machen: Lehne dich zurück und sammle deine Gedanken. Atme. Schließe für einen Moment deine Augen. Dann schau in deinen eigenen inneren Erfahrungsschatz und auf die Menschen, die dir auf deinem Weg begegnet sind. Hole noch einmal tief Luft. Und dann schreibe:

~ *eine Begegnung, wie du sie dir gewünscht hättest;*

~ *ein Gespräch, wie du es eigentlich führen wolltest;*

~ *eine Geste, die du dir von jemandem gewünscht hättest;*

~ *einen Wunsch an jemanden, den du (noch) nicht aussprechen kannst.*

Platz für deine Wünsche

Anderskraft

Orange entsteht aus einer Mischung von Rot und Gelb. Es ist die Farbe der Flammen. Wer einmal eine Brandwunde hatte, kennt das Gefühl von »Nachschmerz«: Es tut nicht nur im Moment des Verbrennens weh, sondern es brennt weiter, selbst wenn die Quelle des Schmerzes längst nicht mehr da ist und die Haut schon gekühlt wird. Nimmt man das Kühlende weg, brennt es weiter. Insofern steht Orange auch für eine Erfahrung, die Trauernde miteinander teilen: Der Schmerz ist mit Tod und Beerdigung eben gerade nicht vorbei. Und er ist auch nicht vorbei, nachdem es gelungen ist, wieder zu lachen oder erste Fäden wieder aufzunehmen. Trauer ist kein linearer Prozess, keine Fortschrittsgeschichte, in der ich hinter das einmal Erreichte nicht mehr zurückfallen kann. Daher wird sie oft mit Bildern wie Gezeiten, Wellen, Spiralen, Pendel oder Labyrinth beschrieben. Allen gemeinsam ist, dass Trauer sich immer wieder neu anfühlt, weitere Aspekte und unerwartete Momente hinzukommen. Und dass sie auf ihre Weise langsam ist, was andere und auch uns selbst ungeduldig werden lässt: Jetzt muss doch aber mal gut sein!

Nach dem Tod eines Menschen fühlen wir uns oft wie »gebrannte Kinder«, irgendwie versehrt, gezeichnet von der Geschichte. Vor allem, wenn Gefühle wie Verzweiflung, Wut, Schuldgefühle und Ohnmacht in uns weiterbrennen oder der Schmerz eines schwierigen letzten Bildes nach einem langen Abschied mit Krankheit und körperlichen Schmerzen. Und auch der Schmerz des Abschieds und des Todes brennt weiter. Es ist nicht damit getan, sich ein letztes Mal zu sehen, ein letztes Mal zu berühren, letzte Worte zu sprechen. Trauer dauert viel länger, als Menschen, die Trauer nicht kennen, es sich vorstellen können. Und auch dieser Schmerz der Einsamkeit, von anderen nicht verstanden zu werden, brennt weiter.

Die Größe des Verlustes, die wirkliche Bedeutung der Worte »für immer« und »nie wieder« werden erst nach und nach deutlich, können erst im Alltag wirklich verstanden werden, wenn man immer wieder spürt: Der andere fehlt mir. Oder wenn Entscheidungen anstehen und man begreift, dass man eigentlich jetzt Rat von ihr oder ihm bekommen würde. Es gibt Momente, mit denen wir rechnen, wie den Geburtstag oder den Todestag. Und es gibt viele Momente, mit denen wir nicht rechnen und in denen uns plötzlich dieser Brandschmerz wieder berührt und betrifft.

Orange steht für die Andersheit der Trauer, die sich unseren gewohnten Denkbahnen entzieht und nichts ist, das sich einfach »managen« und planen lässt. Trauer geschieht und macht auch uns anders, wenn wir uns darauf einlassen.

Anregung für deine Orange-Momente

Wenn wir einen Menschen fragen, ob er »noch bei Trost« ist, dann meinen wir eigentlich, dass er verrückt geworden ist. Woher auch immer der Zusammenhang in der deutschen Sprache kommt – es spiegelt sich darin eine Alltagsklugheit: Wer keinen Trost hat, hat nichts, woran er oder sie sich wieder aufrichten kann, hat keine Hilfen gegen die Schwere des Lebens, keine Idee, was helfen kann oder zumindest eine Pause verschafft.

Auch wenn es sich vielleicht zu Beginn nicht so anfühlt: In der Regel haben wir ein inneres Wissen darum, was uns stärkt und nährt, was uns aufrichtet, wonach wir uns ausrichten können. Manchmal ist es nicht leicht, die passende Hilfe zu finden und vieles fühlt sich am Anfang an wie ein versuchsweises Annähern. Darum lohnt es sich, sich mit Blick auf frühere schwierige Situationen oder den bisherigen Trauerweg zu fragen: Was oder wer hat mir schon einmal geholfen?

Zeichne oder schreibe in die Wellen auf der nächsten Doppelseite, was du dir als Hilfe wünschst, wenn die nächste Trauerwelle zu dir kommt.

Platz für deine Neuentdeckungen

Zartheitskräfte

Durchscheinend, zart, transparent – schaut man auf die Flügel einer Florfliege, so ergreift einen Ehrfurcht: dass etwas so Feines und Zartes tragen kann? Die Welt ist voll Wunder, wenn man sich die Zeit nimmt, sie zu betrachten. Und sie ist voller Momente, in denen man in Ehrfurcht vor der Größe der Schöpfung steht und denkt: Du bist nur ein Mensch! Der Tod ist entgegen all unserer Fantasien von Größe, Machbarkeit und Fortschritt und von dem Gefühl, Anspruch auf die Verfügbarkeit aller Ressourcen zu haben, immer etwas, das uns entzogen bleibt. Diese Verletzlichkeit wird uns häufig in solchen Momenten schmerzhaft bewusst – für das Leben der Verstorbenen, unser eigenes Leben und das Leben aller anderen Menschen, die wir lieben.

Die Erfahrung des Todes und die ersten Tage als »Zurückgebliebene« ist für viele wie ein plötzlicher Stopp im vollen Lauf des Lebens. Es bleibt plötzlich stehen. In einer Gesellschaft, in der wir eigentlich nur am Fortschritt messen, was richtig und erfolgreich ist, ist das eine Zumutung. Der Tod unterbricht uns. Und wir können auch anschließend die Fäden des Bisherigen nicht einfach wieder aufnehmen. Es hat sich etwas endgültig verändert. Jemand fehlt. Der Tod eines nahen Menschen ist für uns eine schwerwiegende Krisenerfahrung – mit allen Schwierigkeiten und Gefahren, aber auch Chancen, die solchen Zeiten innewohnen.

Dass gerade die Zartheit eine große Stärke hat, kennen wir von unserer Haut. Sie ist weich, dehnbar, verformbar – und zugleich eine starke Schutzschicht. Man kann auch an einen Schwamm denken, der gerne als Sinnbild für Resilienz genommen wird: Unter Druck gibt er nach, ist weich, verformt sich. Aber wenn der Druck abnimmt, verwandelt er sich zurück in seine alte Form. Er bleibt. Anders als Eisen, das viel mehr aushält, ohne die Form aufzugeben, aber immer in der Gefahr steht, dadurch dauerhaft verformt zu werden oder gar daran zu zerbrechen.

Transparent steht für die Momente der Dünnhäutigkeit und Zartheit, die man im Trauerprozess erlebt. Man ist nicht so belastbar und nimmt Dinge anders wahr, bewertet Geschehnisse anders, sichtet die eigenen Erinnerungen neu. Und man ist verletzlich durch Bemerkungen und Gesten. Schutzschichten und Fassaden bröckeln. Das ist anstrengend, beunruhigend. Doch was einerseits bedrohlich ist, ist andererseits auch eine Chance. Wir sind in einem Maß offen, wie wir es selten sind. Wir beginnen, Suchende zu sein – offen für Antworten auf Fragen, die wir vielleicht noch gar nicht richtig stellen können. Und für Überlegungen, die über unsere Welt und Vernunft und unser Wissen hinausgehen. Plötzlich gibt es neue Ansichten und Aussichten. Es wird heller und klarer.

Anregung für deine Transparent-Momente

Von Dietrich Bonhoeffer gibt es aus seiner Zeit im Gefängnis ein Gedicht mit dem Titel »Wer bin ich?«. Darin beschreibt er, wie stark sich sein äußeres Bild und die Wahrnehmung anderer von seinem eigenen inneren Gefühl unterscheidet. Wie er Menschen ruhig und gefasst vorkommt, innerlich aber zutiefst aufgewühlt ist. Wie Bonhoeffer haben wir alle verschiedene Gesichter und Masken, die wir je nach der Rolle, die wir in einem bestimmten Kontext haben, tragen. So ist es auch mit dem, was wir erzählen von uns – meist passen wir die Geschichten an den Kontext an, an unser Gegenüber, an das, was sich stimmig anfühlt.

Dinge verändern sich je nachdem, wo sie sich gerade befinden. Das gilt für unsere Wahrnehmung von uns und für die Geschichten, die wir über uns erzählen oder die über uns erzählt werden. Das gilt aber auch für unsere Fähigkeiten. Schaut man sich beispielsweise einen Pinguin an Land an, so wirkt er ziemlich plump. Wir finden ihn irgendwie drollig, wenn er herumwatschelt. Denn mit den kurzen Füßen und der aufrechten Haltung ist er kein guter Läufer. Er kann auch nicht toll springen oder klettern. Fliegen sowieso nicht. Hier wirkt er nicht eben lebenstauglich. Ganz anders, wenn der Pinguin in seinem Element ist: im Wasser. Er »fliegt« dort ebenso elegant wie die Vögel am Himmel. Und er ist wahnsinnig schnell. So plump er an Land ist, ist er im Wasser schön, schwerelos, majestätisch, schnell, beeindruckend. Im Wasser kommt der Pinguin zum Strahlen.

Auf einem Trauerweg gibt es immer Dinge, die hilfreich sind, und andere, die es einem schwerer machen. Die wichtigste Ressource sind dabei wir selbst – die Stärke und Resilienz, die Gaben und Talente, die wir haben. Sie alle verbinden sich in den Momenten, in denen wir uns ganz in unserem Element fühlen. Denn dann heilt etwas in uns.

Schreibe um »deinen Pinguin« herum ungeordnet auf, was dir einfällt:

~ *Wann fühle ich mich in meinem Element – eben wie der Pinguin im Wasser?*

~ *Was ist mein Element? Was sind meine Elemente?*

~ *Welche Talente kommen zum Strahlen, wenn ich in meinem Element bin?*

~ *Was gibt mir Leichtigkeit und lässt mich lächeln?*

~ *Wann habe ich das Gefühl, dass es wirklich um mich geht?*

Es ist ganz egal, was dir in den Sinn kommt. Vielleicht sind es Orte, Begegnungen, Personen, Hobbys, Beschäftigungen, etwas, das du gern siehst wie einen Vogel am Fenster oder das Grün der Bäume. Es soll einfach eine Sammlung sein, eine kleine Spurensuche, was dir guttut, was für dich eine wichtige Ressource ist.

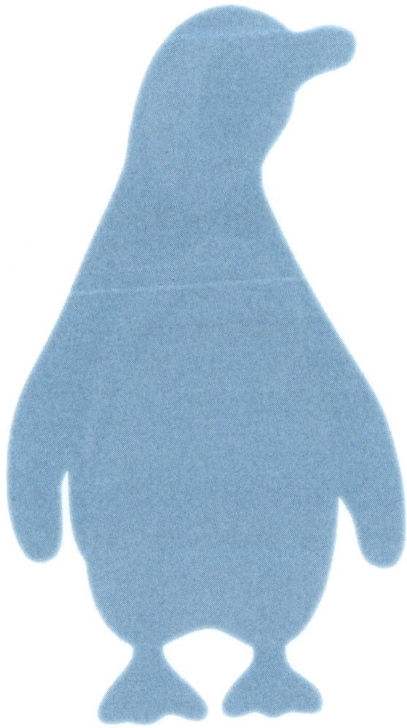

Platz für Momente in deinem Element

Selbstmitgefühl

Rosa ist eine Farbe, die leider stark besetzt ist mit »Prinzessinnen-Plüsch«. Aber eigentlich ist sie mehr als das. Als Mischung aus Rot und Weiß ist es eine Farbe, die Emotion und Liebe verkörpert, aber ausgeglichener, sanfter und wärmender als das wildere Rot wirkt. Nach der Farbpsychologie wirkt Rosa beruhigend und lindert Schmerz. In der Trauer spüren wir, wie wichtig diese Linderung von Schmerz ist, selbst wenn es nur für kurze Zeit ist. Auf dem Trauerweg lernen wir, zu wissen, was uns hilft, wenn sich eine Trauerwelle ankündigt. Was lindert, beruhigt, unterbricht. Das sind wertvolle Momente, auch wenn sie sich vielleicht vor allem am Anfang wie Verrat anfühlen oder Verdrängung.

Eine wichtige Hilfe gegen Schmerz ist Selbstmitgefühl. Ein freundlicher Blick auf das eigene Ich, die Wünsche, Träume und Vorstellungen über sich und das Leben vor dem erfahrenen Verlust. Das klingt einfach, ist aber oft schwer zu pflegen. Vor allem, wenn man Schuldgefühle hat, sich schämt oder sich vorwirft, etwas verpasst zu haben, selbst wenn der Vorwurf nur darin bestehen kann, keine Vorahnung gehabt zu haben, keinen siebten Sinn oder nicht genug Hoffnungskraft. Es ist auch schwer, wenn man sich selbst plötzlich als ohnmächtig und hilflos erlebt, das innere Bild von sich selbst aber eigentlich ein anderes ist: stark, rational, aktiv, gestaltend. Häufig sind wir dann unerbittlich mit uns selbst und verurteilen uns: »Was war ich naiv!«, »Was war ich blind!« Angesichts des Vermissensschmerzes kommt es einem auch manchmal unsinnig vor, worüber man sich früher sorgte. Das kann im Blick auf sich und auf andere ungnädig machen, weil diese Sorgen albern scheinen und oberflächlich, an der eigentlichen Realität des Lebens vorbeigehend.

Aber wir werden dabei in der Regel uns selbst und dem nicht gerecht, was uns in der Situation bewegt hat, in welchen Gewissheiten und Vorstellungen wir geurteilt, entschieden und gehandelt haben. Was wusste ich damals? Was war meine bisherige Lebenserfahrung? Welches Bild hatte ich davon, wie Dinge eben geschehen? Was habe ich geglaubt, gewünscht, gehofft? Welche Ziele hatte ich?

Rosa steht für diese Bewegung des Selbstmitgefühls und alle anderen Gefühle, die uns helfend und heilend umschließen. Damit nicht jeder Streit, jedes Versäumnis, jede Lieblosigkeit, Eile, Achtlosigkeit sich auftürmen zu einem »Schuldberg«, in dessen Schatten wir als Person erstarren und verschwinden, braucht es diesen Blickwechsel. Wir brauchen eine Pausentaste zur Seelenwundenpflege. Der Weg führt dann vom Eingeständnis der eigenen Fehlerhaftigkeit zu einer heilsamen Fehlertoleranz. Anerkennen, dass wir nicht perfekt sind. Dass wir nicht alles machen und lösen können und Grenzen haben. Und dass das auch in Ordnung ist. Auf diesem Grund können das Selbstmitgefühl und mit ihm eine neue Leichtigkeit und Lebendigkeit wachsen. Selbstmitgefühl ist der liebevolle Blick auf sich, auf das, wer man war, was man gefühlt hat, was man wissen konnte, was man gehofft, gefürchtet und gewünscht hat. Und auf die Person, die man heute ist.

Anregung für deine Rosa-Momente

Bei manchen Erlebnissen und Erfahrungen kommen die persönlichen Glaubenssätze unseres Lebens ins Wanken oder zerbrechen gar daran. Die Verzweiflung darüber kennen Trauernde in der zermürbenden Frage nach dem »Warum«: Warum wir? Warum jetzt? Wie kann Gott das zulassen? Wie ungerecht ist das Leben doch an vielen Stellen, wie unverständlich, wie nahe liegen Leid und Freud zusammen. Und wie oft ist der Blick auf andere Anlass, sich noch bestraft zu fühlen. In der Warum-Frage steckt viel Trostlosigkeit, und zugleich ist sie ein Versuch, Dinge wieder ins Lot zu bringen. Einen Grund zu finden, Sinn, Verstehen zu können. Und vielleicht auch, Verantwortung und Schuld zuzuweisen. Der Tod ist eine der größten Kränkungen, die es für uns Menschen heute gibt. Er scheint der Unfall im System zu sein, der Fehler, das ungerechte Schicksal. Und auch wenn wir wissen, dass jeder Mensch eines Tages sterben wird – den Zeitpunkt hätten wir doch gerne mehr in der Hand.

Verzweiflung, Verletzungen und Dunkelzeiten brauchen gefundene oder selbst gebaute Schutzräume und Zufluchtsorte. Dafür ist es wichtig, erst einmal bei sich selbst, im Jetzt anzukommen. Selbstmitgefühl beginnt damit, sich selbst wahrzunehmen, denn es gibt einen Zusammenhang von äußerer Bewegung und Haltung und innerem Gefühl. Ist man traurig, so lässt man – oft unbewusst – die Schultern und den Kopf hängen, schaut zu Boden, atmet flacher. Was in die eine Richtung funktioniert, geht aber auch in die andere: Indem man sich bewusst aufrichtet, den Nacken streckt, den Kopf hebt, Rücken und Schultern aufrichtet und den Blick ins Weite schweifen lässt, ändert man mit der Haltung auch etwas am inneren Empfinden.

Suche dir einen ruhigen Ort drinnen oder draußen, der sich für dich gut und sicher anfühlt. Schließe die Augen und achte darauf: Wie stehe ich da oder wie sitze ich? Spüre deinen Kopf, deinen Nacken, Schultern und Rücken. Sind sie gekrümmt? Hast du Schmerzen? Presst du vielleicht die Zähne aufeinander oder fühlt sich ein anderes Körperteil verkrampft an? Löse diese Anspannungen. Fühlen sich deine Hände kalt an, dann reibe sie aneinander, knete deine Finger sanft und lockere sie.

Bewege dann sanft deinen Kopf hin und her, richte deinen Rücken so gerade wie möglich auf, nimm die Schultern zurück und strecke deinen Nacken, wie es für dich angenehm ist. Hebe deinen Kopf und Blick so, dass du geradeaus schauen kannst. Nimm so ein paar tiefe Atemzüge und dann öffne die Augen.

~ *Welche Farben, welche Formen oder Dinge siehst du?*

~ *Wie fühlt sich der Boden an, auf dem du stehst, oder der Ort, an dem du sitzt?*

~ *Welche Geräusche kannst du hören?*

~ *Gibt es Gerüche in deiner Umgebung, die dich an etwas erinnern?*

~ *Wie fühlt sich die Luft an, die du atmest und die um dich ist?*

Versuche für jeden Sinneseindruck mindestens ein Wort zu finden. Vielleicht kannst du die Übung auch draußen im Gehen ausprobieren und bewusst auf deiner Strecke zwischen den verschiedenen Sinnesbereichen wechseln.

Nutze das Wissen um die innere Wirkung für dich und richte dich immer wieder in deinem Tageslauf kurz auf, wenn du daran denkst oder wenn du eine Verspannung spürst.

Platz für Perspektivwechselworte und Aufrichtungen

Luftbrückenbau

Türkis entsteht aus der Mischung von Grün und Blau, von Hoffnung und Weite. Sucht man eine Landschaft, in der Türkis vorkommt, so assoziieren wir Strand, Wärme, unberührte Natur – umgeben von klarem, türkisfarbenem Wasser. Fernweh packt uns, Sehnsucht. In der Trauer haben wir alle unsere eigenen Sehnsüchte: nach Vergangenem, nach Künftigem. Die Sehnsucht übersteigt Zeit- und Raumgrenzen und so können wir uns und unsere Verstorbenen an Orte imaginieren, an denen es ihnen gutgeht und wir ihnen begegnen. Orte der Erinnerung, die uns stärken, und Orte der Gegenwart, wo sie uns nahe sind. Rainer Marie Rilke bringt diese Erfahrung in die scheinbar einfachen Worte: »Wenn die Sehnsucht größer als die Angst ist, wird Mut geboren. Ohne Sehnsucht machen wir uns nicht auf den Weg.« Die Sehnsucht ist ein Antrieb, auszuhalten, was ist, und weiterzugehen in das, was kommt.

In unserer Sehnsucht können wir uns auch »Andersorte« erschließen. Michel Foucault beschreibt mit diesem Wort Plätze, die es real in der Welt gibt, die sich aber der normalen Welt zugleich entziehen: Weil wir dort einmal nichts leisten müssen, sondern einfach da sein dürfen. Das kann eine Kirche sein, in der wir Ruhe finden, ein Baum, dessen Grün uns beschattet und an dessen starkem Stamm wir ausruhen können, ein stilles Zimmer, ein Tag in den Bergen, am See, ein Garten, eine Bank.

Türkis steht für den Ort der inneren Verbindung mit den Verstorbenen, den Trauernde für sich selbst suchen und schaffen entsprechend ihrem Bild von ihm oder ihr und der Beziehung, die sie verbunden hat. William J. Worden nennt dies als eine der Aufgaben, die uns die Trauer stellt: einen Ort zu finden für unsere Verstorbenen, an dem wir in Verbindung mit ihnen sind und zugleich unser Leben weiterleben können. Es sind unsere je eigenen »Luftbrücken«, die wir zwischen uns und unseren Verstorbenen bauen. Sie verbinden uns mit ihnen nach der Art, wie unsere Beziehung war. Und wie bei jeder Brücke ist der Weg einer Luftbrücke in beide Richtungen offen. Denn zugleich kommt über sie auch etwas von uns zu den Verstorbenen, indem wir die Brücke aus unseren Ressourcen und Fähigkeiten zu Hoffnung und Sehnsucht bauen, an denen sie »mitgeschrieben« haben.

Anregung für deine Türkis-Momente

Es gibt ein Wort, vor dem sich die meisten Trauernden fürchten: »verdrängen«. Das klingt danach, etwas falsch zu machen und so, als würde irgendwann alles auf einen einstürzen, wenn man nur mal kurz unachtsam ist. Den meisten ist klar, dass Verdrängen nichts ist, was man in alle Ewigkeit und ohne den Einsatz einer gewissen Energie schaffen kann. Aber nicht alles, was beim Überleben hilft, ist darum schon Verdrängung. Denn es braucht Momente des Funktionierens, um eine Grundorganisation des Alltags zu schaffen, es braucht finanzielle Grundsicherheiten und eine Grundversorgung. Auch die kräftemobilisierende Pause fällt manchmal im Sprachgebrauch unter »verdrängen«: wenn ich Musik höre, weil ich mich traurig fühle oder wieder anfange, mich mit Freunden zu treffen, ins Kino zu gehen, anderes zu tun. Wenn ich jemanden in einer anderen Stadt besuche, den Ort wechsle oder Hobbys nachgehe. Wenn ich weniger weine oder entscheide, wem ich was über mich erzähle oder »trauerfreie« Räume schaffe. Hier ist das ungeliebte Verdrängen nahe an dem, was im Trauerprozess bedeutet, die eigenen Ressourcen zu aktivieren, selbstwirksam zu sein, Veränderung ins Leben zu integrieren. Verdrängen ist aber eigentlich etwas anderes, denn es versucht, aus dem Blickfeld zu nehmen, warum ich das eigentlich alles tue, es versucht, den Verstorbenen »auszuschalten«. Wenn ich eine Weile nur funktioniere, eine Pause mache, meine Ressourcen aktiviere, einen Aufbruch gestalte, gibt es dagegen immer eine Verbindung zu den Verstorbenen, ein Wissen um die Gefühle der Trauer.

Verbindungen, die bleiben – diese Sehnsucht treibt viele Trauernde um. Gerade dann, wenn es sich anfühlt, als würden diese abbrechen, weil das eigene Leben weitergeht, weil erste Erinnerungen verblassen oder noch überlagert sind, weil sich der »Alltag ohne dich« fremd anfühlt.

Verbindung hat etwas mit Sehnsucht, mit Trost und mit Kraft zu tun.

Schau dir die drei Worte an und wähle eines davon aus als Luftbrückenwort für deinen Tag. Nimm es als Grundmelodie mit und betrachte deine Umwelt immer wieder aus diesem Blickwinkel. Vielleicht findest du ja Sehnsuchts-, Trost- oder Kraftorte oder hast kleine Momente, in denen du vor dem Hintergrund deines Wortes deine Umwelt anders anschaust, anders spürst: einen Sonnenstrahl, einen Löwenzahn an einer Mauer, einen Vogel, der singt. Bäume. Bunte Häuser. Wind. Menschen.

Platz für Luftbrücken voll Sehnsucht,
Kraft oder Trost

Hoffnungskräfte

Grün ist sprichwörtlich die Farbe der Hoffnung, aber auch die Farbe der Bäume, des Grases, der Pflanzen. Grün hat etwas mit Wachstum zu tun. Mit Entwicklung. Wenn an einem Baum nach langem und kaltem Winter das erste Grün aus scheinbar leblosen Zweigen knospt, ist dieser Moment fast magisch: Das Leben kehrt zurück. Es hat Kraft. Es überdauert auch dort, wo man es nicht sieht. Wenn wir durch einen Wald laufen, zieht es unsere Blicke ins grüne Dach, unter dem wir uns bewegen. Hildegard von Bingen beschreibt die »Grünkraft« als etwas, das Menschen stärkt und heilt. Im Shinrin-Yoko, dem Waldbaden, das aus Japan als Trend inzwischen auch in Deutschland angekommen ist, wird diese Beobachtung Hildegards heute erforscht. Die Zeit im Wald senkt demnach nachweislich Stresslevel und Blutdruck und wirkt positiv auf unser gesamtes Immunsystem und die Stimmung.

In der Trauer ist dieses Gefühl der Kraft und Stärke des Lebens manchmal überfordernd. Dann sind wir in einem Zustand des »Gern-können-wollen-Würdens«, an dem wir immer wieder scheitern. Wir wären gerne fröhlich, unbeschwert, voller Kraft und Tatendrang und Lust auf Neues. Die Frustration, am Leben nicht so teilhaben zu können, wie wir es möchten, setzt uns zu. Sprichwörtlich »grün vor Neid« könnte man manchmal werden, wenn man darauf schaut, wie leicht es andere scheinbar haben, wie unberührt von Leid ihr Leben ist.

Es ist eine eigene Art von Geduld und Zuversicht, die man von den Bäumen lernen kann. Denn bereits im Herbst, wenn die Bäume noch die alten Blätter tragen, sind die neuen Triebe in den Knospen bereit. »Schlafende Augen«, die das Fallen der Blätter wie auch den kalten Winter überdauern können und schützen, was an Kraft für das kommende Frühjahr bereits unter ihnen wohnt, was alles schon angelegt ist und wartet, bis es zur Blüte kommen kann, wenn die Zeit dafür da ist. Die eigene Kraft wieder spüren und in die eigene Kraft zurückfinden wie der Baum, wenn die Tage heller, länger und wärmer werden und die Lebenssäfte wieder fließen – dieser Moment ist so magisch wie das Aufbrechen der schlafenden Triebe und Knospen im Frühjahr.

Für Trauernde ist es wichtig, etwas von dieser Grünkraft in sich zu tragen: die Hoffnung, eines Tages wieder teilzuhaben. Und wenn es vielleicht erst einmal im selben Trotz geschieht wie ihn der Baum zeigt, der seine ersten Knospen gegen die Kälte der Nächte treibt und sie damit manchmal auch aufs Spiel setzt. Das Vertrauen in das Wissen zu spüren, dass eigentlich schon alles da ist – wenn die Zeit dafür gekommen ist.

Anregung für deine Grün-Momente

Die Trauerbegleiterin Lois Tonkin hat ihr Trauermodell »Growing around grief«, »Wachsen um die Trauer« genannt. Sie erzählt, dass viele Menschen mit dem Wunsch zu ihr kommen, die Trauer aufzulösen, dass also die Trauer immer kleiner wird, bis sie irgendwann »weggetrauert« ist. Die Idee dahinter: Der Schmerz verschwindet, wenn man »alles richtig« macht. Und je schneller, desto besser. Dann würde das Leben wieder wie vorher. Einerseits eine schöne Vorstellung – andererseits aber auch nicht. Denn letztlich würden wir die Verstorbenen dann noch einmal verlieren, wenn die Trauer, das Vermissen irgendwann einfach ganz weg wären.

Trauern als unser inneres Programm zum Umgang mit Verlust zielt nicht auf dieses Vergessen im Sinn von »Wegtrauern« ab. Vielmehr geht es darum, das eigene Leben um diesen Kern herum wieder wachsen zu lassen. Am Anfang stehen Schmerz, Stille, Überforderung, Ohnmacht, Hilflosigkeit. Es ist erst einmal nicht viel zu sagen und es gibt wenig Handlungsspielraum. Das Leben schrumpft auf den Tod, die Aufgaben, die damit verbunden sind, zusammen. Doch dann beginnen wir in kleinen Schritten, das Leben wieder zu gestalten. Öffnen ein Fenster. Lesen oder Schreiben. Spüren den Wind und die Sonne, beobachten Wolken, hören Vögel singen. Genießen das warme Wasser der Dusche, holen Blumen in die Wohnung. Gehen raus, laufen. Treffen uns mit anderen Menschen, sprechen, lachen. Vielleicht räumen wir um, verändern Dinge im Alltag. Der Kern unserer Trauer, der Schmerz bleibt aber, was er ist: Vermissensschmerz im »Leben ohne dich«. Was sich verändert, ist, dass er nicht wie am Anfang das ganze Leben in Beschlag nimmt und in jeder Minute präsent und übermächtig vor uns steht. Um ihn herum wächst unser eigenes Leben weiter. Jeden Tag kommt eine neue Schicht dazu, mit jedem Schritt, den wir geschafft haben, jeder kleinen Rückeroberung von Alltag. Es gibt dann auch neue Dinge, die in unser Leben kommen, oder neue Menschen, neue oder alte Hobbys. Und da sind Gefühle: Ärger wie Freude, Lachen und Weinen, Hoffnung, Müdigkeit, Aufbruch ... »Growing around grief«, das ist ein bisschen wie bei einem Baum, der um eine Verletzung herum in Ringen weiterwächst – verändert, aber nicht weniger stark.

Nimm einen Stift zur Hand und beginne auf der nächsten Seite, deine Kreise zu ziehen für alles, was gewachsen ist in deinem Leben. Vielleicht möchtest du auch verschiedene Farben nehmen oder die Linien verschieden stark zeichnen.

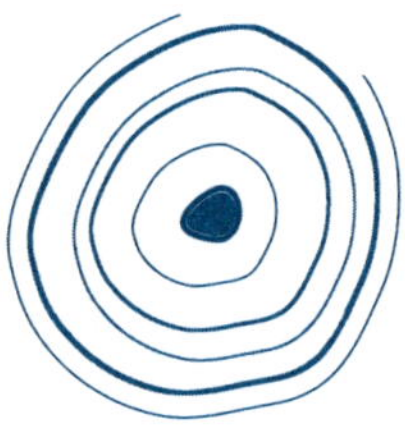

Platz für deine Wachstumsringworte